Himmelstürmer Verlag

Himmelstürmer Verlag, 31619 Binnen
www.himmelstuermer.de
E-Mail: info@himmelstuermer.de
Originalausgabe, März 2018
 Rechtschreibung nach Duden, 24. Auflage
Cover: 123rf.com Urheber : Максим Кузубов
Umschlaggestaltung: Olaf Welling, Grafik-Designer AGD, Hamburg.
www.olafwelling.de

ISBN print 978-3-86361-693-9
ISBN e-pub 978-3-86361-694-6
ISBN pdf 978-3-86361-695-3

Peter Willbrandt

HairyDad4HornyBoys

Sieben Tage im Juli

Himmelstürmer Verlag

Für Jan

Das Internet denkt nicht.
(David Gelernter)

Das Wichtigste unseres Allerpersönlichsten verstecken wir. Unsere erste Reaktion wird immer sein, es zu verbergen. Und selbst wenn wir einmal etwas aus uns herausholen, dann nur mit Mühe, oft unter Schmerzen. Meist nehmen wir unser Geheimnis mit ins Grab. Daher liegen in der Friedhofserde nicht nur die Toten begraben, sondern auch unsere größten, tiefsten und oft auch schrecklichsten Geheimnisse.
(Ryszard Kapuscinski)

Inhalt

Sieben Tage

1.

Daniel

Vor einer Woche war ich in dieser alten deutschen Universitätsstadt angekommen. Der junge Taxifahrer, der mich und mein Gepäck vom Bahnhof in die Oberstadt hinauffuhr, erzählte mir, vor kurzem hätten Werbefuzzis der Stadt einen flotten Slogan verpasst: *Andere Städte haben eine Universität. Diese Stadt ist eine!* Allerdings sei die Stadtregierung jetzt in Bedrängnis geraten, nachdem die Summe bekannt geworden ist, welche die Werbeagentur für die zwei knappen Sätze kassiert hatte. Und während er so aufgekratzt weiterredete, als habe er lange keinen Fahrgast gehabt, sah ich vom Rücksitz des Autos aus, wie zutreffend der Werbespruch doch war: Die weitgehend autofreie Oberstadt war eine Stadt der Studierenden, und der offensichtlich nicht sehr geübte Fahrer hatte alle Mühe, sich einen Weg zu bahnen durch das Gewimmel junger Leute, die im Licht des späten Nachmittags aus den Universitätsinstituten strömten. Er musste es sogar hinnehmen, dass einer der Studenten ärgerlich mit der flachen Hand auf die Motorhaube klatschte. Als der Fahrer hinauffahren wollte zu der Straße und Hausnummer, die ich angegeben hatte, kapitulierte sein Navi. Die steil ansteigende, sehr schmale Gasse ist nicht wirklich öffentlich und nicht einmal gekennzeichnet durch ein Straßenschild. Hineinfahren darf man trotzdem, wie ich von früheren Besuchen her wusste und wie ich dem zögernden Fahrer nun versichern konnte, denn es ist der einzige Weg zu dem Haus, in dem ich erwartet wurde.

In dem schönen alten Fachwerkhaus am äußersten Rand der Oberstadt lebte meine Schwester Erika, die an der Uni Neuere und Neueste Geschichte lehrte. Letzten Samstag hatte sie ihren fünfundsechzigsten Geburtstag mit einem großen Fest gefeiert. Die meisten ihrer Professorenkollegen, Doktoranden, Studentinnen und Studenten waren gekommen, auch Kollegen von anderen Universitäten, vor allem von russischen, mit denen sie rege Kontakte pflegte. Die Russen hatte sie in ihrem Haus einquartiert, was mich nicht störte, solange ich mein eigenes Zimmer hatte. Doch in diesem Haus war es sechs Tage lang zugegangen wie in einem Taubenschlag. Immerzu kamen und gingen Leute, immerzu wurde geredet, gegessen und getrunken. Und immer wieder waren wir unterwegs.

Nun aber waren die Russen weg. Vor wenigen Minuten hatte sich Erika ans Steuer eines gemieteten Kleinbusses gesetzt, um die Russen zum Frankfurter Flughafen zu bringen. Ich wartete noch, bis der Bus an der nächsten Straßenecke verschwunden war, dann ging ich ins Haus zurück. Wenig später war ich gerade dabei, ein Bier zu öffnen, als an der Haustür das Geräusch eines Schlüsselbunds zu hören war, und als ich hörte, dass aufgeschlossen wurde, lief ich in die Diele. Da stand ich einer großen, hageren Frau gegenüber, die mich aus feindseligen Augen ansah. Nachdem ich mich vorgestellt hatte, brummte sie: „Frau Professor hat mir nicht gesagt, dass jemand hier ist." Damit verschwand sie in der Küche, wo sie wütend herumzuwirtschaften begann. Ich verstand, dass ich nicht hierbleiben konnte, steckte mein Handy in die Tasche und ging aus dem Haus.

Da ich nicht wusste, wo ich hingehen sollte, ließ ich mich einfach den langen, gewundenen Weg zum Fluss hinuntertreiben. Auf der Uferböschung legte ich mich ins Gras und sah auf das grüne träge fließende Wasser, in dem lange Fahnen von Trauerweiden trieben. Schwäne segelten vorbei, und in der Ferne schlug eine Uhr. Erst jetzt wurde mir bewusst, wie still es war. Hier würde ich den Nachmittag verbringen, nach dem Wahnsinn der vergangenen Tage nichts mehr reden, nichts mehr denken. Ich drehte mich auf die Seite und wünschte, immer so liegen bleiben zu können.

Bilder der vergangenen Tage wirbelten mir im Kopf herum, immer wieder auch Erinnerungsfetzen vom Besäufnis des gestrigen Abends, auf dem ich gelernt hatte, dass „Na sdorowje" nicht das russische „Prost" ist. Seltsam war, dass ich keine Kopfschmerzen hatte. Doch seit heute Morgen quälte mich Durst, und jetzt hatte ich nichts zu trinken dabei. Dann sah ich auf Google Maps, dass es ganz in der Nähe einen dieser Beach Clubs gab, ein „balneario nr 6". Auweia, dachte ich, Ballermann 6 auf Hessisch. Ich blieb noch eine Weile liegen. Dann machte ich mich auf den Weg.

Als der junge Kerl hinter der Bartheke mich auf sich zukommen sah, sagte er: „Na, Mister, was treibt Sie denn zu uns?"

„Ein frischgezapftes Bier", sagte ich, nachdem ich die enorme Zapfanlage auf dem Tresen gesehen hatte.

„Kann Ihnen heute leider nur ne Flasche anbieten."

„Na, dann eine Flasche. Aber schön kalt bitte."

„Wird gemacht", sagte er grinsend.

Während er das Bier holte, die Flasche öffnete und das Geld kassierte, starrte ich auf die große Tafel über der Bar. *„Lecken, schlucken, beißen. We love Tequila"*, stand da. Ich versuchte mir vorzustellen, was das heißen sollte. Es gelang mir nicht.

Ein paar Minuten später saß ich auf der Terrasse unter einem dunkelgrünen Sonnenschirm, und während ich mein Bier trank, hatte ich die halbnackten jungen Männer im Blick, die auf einer staubigen Sandfläche mit einem Ball herumtobten. Auf einmal zuckte ich zusammen. Ich sah einen wilden Wirbel strampelnder Beine, die im aufgewühlten Sand Halt suchten. Einer der Volleyballspieler hatte einem anderen eine Handvoll Sand ins Gesicht geschleudert, und jetzt presste ein am ganzen Körper dunkel behaarter Stämmiger den Kopf eines viel Jüngeren mit seinen kräftigen Armen so lange in den Sand, dass ich glaubte, der Junge könnte ersticken. Ich wollte schon losschreien, um den brutalen Burschen zur Räson zu bringen, da gab er sein Opfer frei, und mir kam es vor, als hätte ich das alles schon einmal erlebt. Vielleicht aber war es nur die Erinnerung an eine Filmszene oder einen Fetzen Literatur. Ich kam nicht darauf, zumindest nicht in diesem Moment und schon gar nicht in meinem Zustand, denn das Erlebnis mit den beiden jungen Männern im Sand steckte mir immer noch in den Knochen. Aber nun hatte es sich in meinen Augen völlig verändert. Jetzt kam es mir vor, als hätte ich zwei Jungs bei einem grausamen Liebesspiel beobachtet.

Ich zog mein iPhone aus der Tasche und loggte mich ein bei SPLASH! Nachdem ich einige Profile angeklickt hatte, wurde mir klar, dass ich auf den rosa Seiten dieses Datingportals nicht finden würde, was ich suchte. Was konnte ich an einem Donnerstagnachmittag in einer so kleinen Stadt auch erwarten, und besonders jetzt, da ein Teil der Studenten schon in den Ferien war? Nicht, dass es an Angeboten gefehlt hätte. Aber die kamen meist von älteren Männern, denen ich jedes Mal schrieb, dass es leider „nicht ganz" passte. Da mich deren seltsame Antworten amüsierten, fühlte ich mich bald auf die lockerste Weise entspannt. Doch auf einmal änderte sich alles. Ein User mit dem Nickname body_connection war auf meiner Seite aufgetaucht, und der Service des Datingportals sagte mir, dass dieser Mann nur vierhundert Meter von meinem Platz unter diesem Sonnenschirm entfernt war.

Mit einem Klick sprang die Seite eines zweiundzwanzigjährigen Studenten auf, der einen Fuckbuddy ab vierzig suchte, und ehe ich mich versah, hatte ich schon eine Nachricht.

„WOW geiles profil hammergeiler dad geile behaarung."

Ich musste nicht lange überlegen, was ich antworten sollte. „Hey, Danke. Wollte dir auch gerade schreiben. Total sexy deine Fotos! Sehe geile Sixpacks und einen saugeilen Arsch!"

„freut mich, dass dir mein arsch gefällt ;)"

„Könnte mir einiges vorstellen mit deinem Arsch!"

„machst mich total horny jetzt. könnten bestimmt viel spaß haben. hast du nachher zeit?"

„Ja, hab ich und ich habe Lust auf dich und deinen geilen Arsch."

„Cool! kannst du auch geil küssen? steh total da drauf. finde küssen fast so geil wie ficken"

„Denke schon."

„Dann lass uns treffen. kann heute aber erst ab 5. hab dann sturmfrei"

„17.00 Uhr ist okay. Ich habe ungefähr bis sieben Zeit. Wo muss ich hin? Sehe, dass du in der Nähe bist."

Ein paar Minuten später hatte ich Namen und Adresse. „Danke. Werde ich finden. Bin kurz nach fünf bei dir."

„freu mich"

„Freu mich auf dich und unsere body_connection."

„hahaha. ja. du hast es erfasst ;-))"

Was für ein Timing!, dachte ich. Dieser Junge mit dem verheißungsvollen Usernamen war genau zum richtigen Zeitpunkt auf meiner Seite aufgetaucht. Eben noch war ich müde und kaputt gewesen, kein Wunder nach den durchzechten Nächten mit den Russen und erst recht kein Wunder nach drei aufreibenden Wochen in Rom. Jetzt aber, da ich auf der Satellitenkarte bei Google Maps sah, wo der Junge wohnte, fühlte ich mich auf eine verrückte Weise emporgehoben, fast so, als seien mir Flügel gewachsen. Die vierhundert Meter bis zur Eisenbahnstraße 21 würde ich allerdings auch ohne Flügel in fünf Minuten schaffen, das war mir klar, und gleich danach würde es zur Sache gehen. Was auch immer body_connection heißen konnte, ich würde alles mitmachen, selbst wenn es die schlimmsten Sauereien wären. Das Verrückteste aber war, dass ich gerade so etwas wie Genugtuung empfand, fast ein wenig Stolz darauf, dass ich mich eine Woche lang aufgespart hatte für diesen Jungen. Dabei musste mir doch klar sein, dass meine Enthaltsamkeit keineswegs freiwillig war, denn unsere russischen Hausgenossen waren so besitzergreifend, so gierig auf Freundschaft, dass man ihnen kaum entkam. Der eigentliche Grund aber war mein Verhältnis zu Erika. Ich hätte es peinlich gefunden, ihr zu sagen, dass ich an einem Abend einmal weg musste. Dabei kannte sie mich. Sie wusste, dass ich Sex mit Männern hatte, und sie hatte überhaupt nichts dagegen. Sie war eine kluge Frau, ohne jedes Vorurteil, von seltener Offenheit. Ein dunkles Geheimnis blieb aber, warum diese, wie ich fand, immer noch schöne Frau nie eine Liebesbeziehung eingegangen war. Und aus eben diesem Grund glaubte ich, ihr nicht alles sagen zu können. Eine sicherlich überflüssige, trotzdem reale Scheu.

Während ich mir ein zweites Bier holte, sah ich, dass dieser Beach Club nichts anderes war als ein großer Biergarten mit langen Tischen und Bänken auf dem abgewetzten Rasen. An diesem Nachmittag saßen hier nur zwei junge Frauen, die ab und zu an ihren dunkelroten Getränken nippten, sonst aber mit ihren Handys beschäftigt waren. Doch in den Abendstunden und am Wochenende würde es in dieser Bierschwemme hoch hergehen, alles, was ich sehen konnte, deutete darauf hin, und seltsam, wieder fiel mir Erika ein. Sie musste sich nicht verbiegen, wenn sie sich hier mit ihren Studenten zu einem Bierabend traf. Wie oft schon hatte ich erlebt, dass sie Dinge tat, die andere Frauen in ihrer Stellung nicht taten, wie auch ihre Umgangsformen und ihre Sprache ungezwungen, frei von Konventionen waren, und in allem, was sie tat, war sie immer sie selbst, in jeder Hinsicht authentisch.

Ich war nicht wie sie. Seitdem mir bewusst war, dass ich etwas zu verbergen hatte, war ich in jeder neuen Situation ein anderer. Vielleicht war ich sogar ein einziger Widerspruch, im Großen wie im Kleinen. Hin- und hergerissen zwischen Intellekt und Gier nach Sex. Und wo mein wahres Ich versteckt war, würde mir immer ein Rätsel bleiben. Zuweilen dachte ich, dass ich nur beim Sex ganz ich selbst war, vor allem in seiner animalischen, sprachlosen Form. Alles andere, was ich trieb, war Komödie, mein bürgerliches Leben ebenso wie die Wissenschaft, in der ich erfolgreich gewesen war. Nichts weniger als Komödie war mein Leben auf SPLASH! Da war ich dieser HairyDad4HornyBoys, und wunderte mich kaum noch über die seltsame Sprache, die ich mir zugelegt hatte. Das war eine Mischung aus dem Jargon junger, hipper Schwuler und Pornosprache, eine Sprache, in der das Wort „geil“ inflationär in den wahnsinnigsten Kombinationen herumwucherte. Und längst hatte ich begriffen, dass auf den rosa Seiten von SPLASH! „geile Sau“, „geile Drecksau“ oder besser noch „saugeile

Drecksau" das höchste Lob war, das man vergeben oder erhalten konnte.

Inzwischen spielten die Jungs wieder Volleyball, friedlich, wie es schien, jetzt mit erstaunlich anmutigen Bewegungen. (Seltsam, dass ich immer Jungs sagte, wenn ich junge Männer meinte.) Ich checkte meine E-Mails, schrieb ein paar SMS. Irgendwann sah ich, dass Nino ein kleines Video geschickt hatte. Das Video, schrieb er, habe er heute, den 10. Juli 2014, mitten in Rom nach einem Wolkenbruch aufgenommen. Es zeigte eine vollgelaufene Piazza, auf der ein PKW bis zur Höhe der Scheinwerfer im Wasser stand. Über dem Video stand: COLPA DI MERKEL. Ich schickte Nino ein Lachen zurück. Dass ein Auto in Rom einen vielleicht irreparablen Wasserschaden hatte, war also die SCHULD VON ANGELA MERKEL. Von Nino wusste ich, dass es etliche seiner Landsleute gab, die der deutschen Bundeskanzlerin nicht nur die Schuld an der italienischen Wirtschaftskrise gaben, sondern auch am angeblich immer schlechteren Wetter. Er hielt einen Großteil seiner Landsleute ohnehin für unzurechnungsfähig, für „abitanti di Creta,", Einwohner von Kreta, wie er immer wieder sagte, für „Cretini", und das hieß im Italienischen so viel wie Kretins oder Idioten.

Jetzt war von Nino zurückgekommen „und wie ist das wetter bei euch?"

„Schön und heiß. Sommer eben", schrieb ich.

„dachte immer, deutschland liegt am nordpol. ihr koennt der merkel danken. bei euch zaubert sie sommer, bei uns wolkenbrueche. und was machst du?"

Wieder die unerklärliche Scheu, mit Nino über mein Sexleben zu sprechen. Warum konnte ich ihm nicht sagen, dass ich gleich ein Date hatte? Es war verrückt, dass ich es nicht sagen konnte. „Bin froh, dass die Russen weg sind nach sechs anstrengenden Tagen", schrieb ich ihm. „Sitze in der Sonne, faulenze ein bisschen. Erika ist nach Frankfurt gefahren. Sie bringt die Russen zum Flughafen. Und was machst du?"

„telefoniere herum. suche einen handwerker, der den boden der terrasse repariert. noch ein solcher regen und das ganze haus steht unter wasser."

Ja, Ninos Dachterrasse. Wie oft schon hatte ich mit Nino und anderen Freunden auf dieser Dachterrasse gesessen, die ein richtiger Garten war über dem vierten Stock eines Hauses auf dem Aventin, einem der sieben Hügel des alten Rom. Von hier aus sah man die Dächer, Kuppeln und Türme der Altstadt, über der sich ganz im Hintergrund der weiße Palazzo und die dunklen Pinien der Villa Medici erhoben. Nino konnte sich den Luxus dieser Wohngegend leisten. Er war in der Hierarchie des italienischen Außenministeriums aufgestiegen, nicht zuletzt wegen seiner Deutschkenntnisse, und längst war er Teil eines Systems, das er verspottete und doch für seine Zwecke nutzte.

Mitte Juni war ich wieder einmal nach Rom geflogen, auch diesmal im Auftrag meines Kölner Verlags, der seit Anfang des Jahres eine Reihe kleiner, aber spektakulär aufgemachter Reiseführer herausbrachte. „Verborgene Orte in …" waren die immer gleichbleibenden Titel, und die „Verborgenen Orte in Rom" hatte die Verlagsleitung mir überlassen, diesem Rom-Verrückten, der sieben Jahre in der Ewigen Stadt gelebt hatte. Die Reihe richtete sich an Bildungsreisende, also an Leute, die sich sorgfältig vorbereiten, alles Sehenswerte schon kannten, darüber hinaus noch mehr sehen wollten, vor allem Objekte, die sie aus der Literatur kannten, die aber aus unterschiedlichen Gründen normalerweise nicht zugänglich waren. Diese Rombesucher standen im krassen Gegensatz zu den Massen, die im Zeitalter der billigen Flüge nach Rom kamen, oft genug angelockt von Werbeformeln wie *„Europe in ten days, Pope included"*. Die allermeisten von ihnen hatten kaum noch eine Ahnung, was Rom in seiner Geschichte gewesen war und welche Bedeutung all die Dinge hatten, die Antike und Christentum hier im Übermaß angehäuft hatten. Wenn ich diese Leute beobachtete, hatte ich den Eindruck, sie suchten einfach nur Motive für ihre Handykameras, und wenn sie etwas wiedererkannten, dann allenfalls noch Bilder aus der Werbung, wie die beiden sich fast berührenden Hände an der Decke der Sixtinischen Kapelle. Ich war der letzte, der sich darüber lustig machte. Im Laufe meines Lebens hatte ich gelernt, dass alles sich veränderte und verändern musste, Lebensformen wie Wahrnehmungsweisen.

Einige Erscheinungen im heutigen Rom aber konnte selbst ich nicht ertragen. Zum Beispiel den Gegensatz zwischen denjenigen, die hier willkommen waren und denen, die man hier nicht haben wollte. Jeden Mittag strömten Scharen reicher Chinesinnen in die Luxusläden unweit der Spanischen Treppe. Die unter ihrem weißen Mundschutz nicht immer nur lächelnden Chinesinnen waren gern gesehene, hofierte Gäste. Andere Gäste Roms, aus Krisengebieten Geflüchtete, drängten tagsüber auch ins Stadtzentrum, versuchten ein bisschen Geld zu verdienen, indem sie billige Sonnenbrillen und Feuerzeuge vor sich auf dem Boden ausbreiteten. Dann kam regelmäßig die Polizei und machte Jagd auf diese armen Menschen, bis sie irgendwo im Labyrinth der Altstadtstraßen verschwanden. Trotzdem war das Elend der Flüchtlinge nicht zu übersehen. Nino und ich waren an einem Abend mit dem letzten Zug aus den Albaner Bergen gekommen. Eine Stunde zuvor hatten wir noch auf der Terrasse eines Restaurants hoch über dem fast kreisrunden Kratersee gesessen. Demgegenüber wirkte wie ein Schock, was wir kurz vor Mitternacht auf der Stazione Termini mitansehen mussten. In den abgelegenen Bereichen des römischen Hauptbahnhofs lagen unzählige Menschen unter schäbigen Decken, Plastikfolie, Kartonpappe. Und über allem hing ein beißender Uringestank. Ich hatte dem Verlagsteam in Köln einmal vorgeschlagen, die Stazione Termini bei Nacht mit in den Führer „Verborgene Orte in Rom" aufzunehmen. Das war halb Scherz, halb Ernst gewesen. Allen Ernstes aber hatte einer der Lektoren gesagt: „Wir sind kein Verlag für Elendstourismus. Das können andere machen."

War es ein Wunder, dass ich das Elend verdrängte, wie alle es verdrängten, die hierherkamen, um das „Ewige Rom" zu sehen? Hauptsächlich aber verdrängte ich es, weil ich immer auf der Jagd war nach jungen Männern. Ja, buchstäblich immer, auch dann, wenn ich mit Nino zusammen war oder mit meinen Recherchen für das Reisebuch beschäftigt war. Das iPhone machte es möglich. Und diese Jagd war erfolgreicher als je zuvor, denn seit dem letzten Jahr hatte die Anzahl römischer Schwuler, die sich bei SPLASH! angemeldet hatten, immer noch zugenommen, und jetzt, im Sommer des Jahres 2014, fand man hier sogar schon Achtzehn-, Neunzehnjährige, die sich selbstbewusst und hemmungslos mit rotzfrechen Profiltexten und unverschämten Fotos vorstellten.

Drei Wochen also hatte ich in Rom verbracht, bevor ich nach Deutschland zurückflog, um Erika zu besuchen. Und jetzt, da die Feiern anlässlich ihres Geburtstags vorbei, die Russen abgereist waren, spürte ich, wie sehr mir Rom immer noch in den Gliedern steckte. Denn Rom im Sommer hieß: schlaflose Nächte. Wer hätte auch schlafen können nach einem dieser Abendessen, die um zweiundzwanzig Uhr begannen und sich meist über zwei Stunden hinzogen? Statt Nachtruhe war dann die Altstadt angesagt, oft bis in die frühen Morgenstunden hinein. Sich treiben lassen in den engen Gassen um den Campo dei Fiori herum, mehr als zweitausend Jahre Geschichte unter den Füßen. Hingucken, weggucken, Gelächter, Geschwätz, und mitten in einem immer größer werden Pulk von Freunden und Bekannten Nino und ich. Manchmal stellte ein Freund uns Leuten vor, die uns nicht kannten: „Qui vedete una copia da trent' anni felice", was heißen sollte, dass wir seit dreißig Jahren ein glückliches Paar waren. Die meisten hielten das für einen Witz und lachten. Dabei stimmte es. Nino und ich kannten uns seit 1983, als ich Deutschland verlassen hatte, um in Rom zu leben. 1991 ging ich nach Deutschland zurück, aber immer, wenn ich nach Rom kam, wohnte ich bei Nino, und das hieß, wir waren wieder das Paar, das wir immer gewesen waren. Wir schliefen sogar in einem Bett, wie immer und wie es auch in Hamburg war, wenn Nino mich besuchte. Über all die Jahre hinweg hatten wir uns unsere Zuneigung bewahrt, obwohl wir keinen Sex mehr hatten. Warum es so war, wussten wir nicht, wir sprachen ja nicht darüber. Es war einfach so. Dass Nino seine Dates hatte, konnte ich mir denken, denn oft genug hatte ich meine ja auch, viel zu oft sogar, und jedes Mal hatte ich hinterher ein schlechtes Gewissen, weil ich glaubte, er würde es mir ansehen. Ihm sah ich niemals etwas an.

Allerdings war das letzte Date vor meinem Rückflug nach Deutschland ein Flop gewesen. An diesem Tag war Nino im Auftrag seines Ministeriums zu einem Kongress nach Mailand geflogen, und gleich am Vormittag besuchte ich einen bärtigen jungen Kerl, den ich am frühen Morgen bei SPLASH! aufgerissen hatte. Ich hatte ihm alle meine Fotos geschickt, damit er sich ein Bild machen konnte. Als ich zu ihm kam, sah ich gleich an seinem Blick, dass es nichts werden würde. Auf meinen Fotos hätte ich jünger ausgesehen, sagte er. Na ja, so etwas kam vor. Auch ich hatte schon erlebt, dass ein Kerl zu mir kam, der nicht meinen Vorstellungen entsprach. Dann war es immer ein wenig peinlich, ihn mit einer Ausrede wieder loszuwerden. Dieser hier war so ehrlich zu sagen, was er dachte, und er war so höflich, mich nicht gleich hinauszuwerfen. Er lud mich sogar auf einen Drink ein, und so saßen wir noch eine Weile auf seinem riesigen weißen Ledersofa, machten Small Talk, bis ich mich verabschiedete.

Neben mir bewegte sich etwas. Ja … doch … ich war noch in diesem Beach Club. Jemand sagte: „Sorry". Dann bückte sich der verschwitzte und verdreckte Volleyballspieler, klaubte einen Ball unter meinem Tisch hervor und verschwand. Ich war in Gedanken weit weg gewesen, hatte gedöst, vielleicht auch geschlafen, jedenfalls hatte ich nicht bemerkt, dass der Ball hierher gerollt war. Nun sah ich, dass es höchste Zeit war zu gehen, wenn ich den Burschen mit dem Nick body_connection noch treffen wollte.

Kurz nach 17.00 Uhr stieg ich die Treppe eines Hauses in der Eisenbahnstraße hinauf. Im zweiten Stock stand eine Wohnungstür einen Spaltbreit offen. Ich stieß die Tür auf, und als sie hinter mir ins Schloss fiel, war ich allein mit einem nackten raubtierhaften Blonden.

Er kam auf mich zu, nahm meinen Kopf mit beiden Händen in den Schraubstock. Mit einer Heftigkeit und Unbedingtheit, auf die ich nicht vorbereitet war, steckte er mir seine Zunge in den Mund. Hart stießen unsere Zähne aneinander, und von nun an schmeckten alle unsere Küsse nach Blut. Während er mich in ein Zimmer drängte, fuhr seine Zunge gierig an meinen Zähnen, meinem Gaumen entlang, als wolle er mir das Blut aus der Mundhöhle lecken. „Du schmeckst so gut", sagte er, als wir aufs Bett fielen, wo er sein Spiel sofort wieder aufnahm. Ich aber wollte etwas anderes. Ich spürte eine nicht zu unterdrückende Lust auf seinen runden Arsch. Und von nun an war alles, was sich zwischen uns abspielte, ein Kampf, der kein Ende nehmen wollte.

Irgendwann war er dann doch zu Ende. Wir kamen fast gleichzeitig, und fast gleichzeitig fingen wir an zu lachen. Wir lachten über die verbissene Anstrengung, die hinter uns lag, über die hechelnde, keuchende Atemlosigkeit, vor allem über das komische Gezappel der letzten Minuten. Während wir lachten, umarmten wir uns, rollten herum und konnten kaum fassen, wie leicht das Leben war nach dieser Schinderei.

Dann lagen wir einfach nur da. Einmal richtete er sich auf und sah mir ins Gesicht. Vielleicht nahm er erst in diesem Augenblick wahr, wie ich aussah. Er grinste, und er grinste noch, als er sich wieder auf den Rücken legte und die Arme hinter seinem Kopf verschränkte. Es war also vorbei, dachte ich. Vermutlich war ihm jetzt schon lästig, neben einem Mann zu liegen, der so viel älter war als er. Ich sollte jetzt aufstehen, mich anziehen und gehen.

Doch es kam anders. „Hast du Durst?", hörte ich ihn sagen. Eine Antwort wartete er nicht ab. Er sprang auf, rannte hinaus und kam mit einer geöffneten Bierflasche zurück. Noch im Stehen nahm er ein paar Züge, wobei ein Teil des Biers schäumend an seinem gebräunten Körper herunterlief. Bevor er sich wieder aufs Bett warf, gab er mir die

Flasche und ich trank genauso hastig wie er. Als die Flasche leer war, beugte ich mich über ihn und ließ den Rest des Biers in seinen Mund laufen. Und so endete unser Date, wie es begonnen hatte, in einem langen Kuss. Weniger blutig, weniger gierig als am Anfang, beinahe zärtlich.

Dann war es genug. Ich legte mich neben ihn, und während er seinen Kopf fest gegen meinen drückte, glaubte ich so etwas wie Glück zu spüren.

Die Abendsonne fiel schräg ins Zimmer. Draußen in der Eisenbahnstraße ratterte ein Zug vorbei. Ich dachte an Erika, dachte, dass sie längst wieder zu Hause war und dass ich gehen musste.

Der Junge spielte an meinem Schwanz herum. „Musst du weg?", fragte er.

„Ja, ich bin hier zu Besuch, werde zum Abendessen erwartet. Morgen früh muss ich nach Köln, und anschließend noch nach Hamburg."

„Wohnst du in Hamburg?"

„Ja, ich bin aus Hamburg. Meine Schwester wohnt hier."

Er sprang auf, um sein Handy zu holen. „Ich geb dir mal meine Nummer. Du kommst bestimmt wieder."

Jetzt stand auch ich auf und holte mein Handy. Dann speicherten wir unsere Nummern. Und so erfuhr ich, dass der Junge Daniel hieß. Und Daniel erfuhr, dass mein Name Ben war.

Am Freitagvormittag stieg ich kurz vor zehn Uhr in den Zug nach Köln. Nachdem ich einen Platz gefunden hatte, tippte ich in mein Handy: „Fahre um 10.06 Uhr ab. Bin im letzten Wagen. LG Ben."

Als der Zug an den Häusern in der Eisenbahnstraße vorbeifuhr, stand Daniel auf dem Balkon seines WG-Zimmers. Wahrscheinlich konnte er mich nicht sehen, denn die Fenster des Wagens waren nicht zu öffnen. Doch gerade in dem Moment, in dem der letzte Wagen vorbeifuhr, drehte er sich um, zog seine Adidas-Sporthose ein Stück herunter und zeigte mir noch einmal seinen runden Arsch.

2.

Nino

Ein älterer Mann schleppte einen Koffer heran, und da an anderen Stellen des Bahnsteigs kaum noch Platz war, stellte er ihn mir unmittelbar vor die Füße. Kurz danach kam eine Frau, die ihre Einkaufstüten neben dem Koffer abstellte. Sie sagte etwas, was ich wegen des Lärms nicht verstand.

„Was has bei Douglas drin gemacht?“, schrie der Mann.

„Wat?“

„Was du bei Dou…

Was die Frau bei Douglas gemacht hatte, erfuhr ich nie, denn jetzt kam aus den Lautsprechern ein lautes trockenes Knacken und gleich danach eine dröhnende Durchsage: HINWEIS FÜR REISENDE AN GLEIS 2 … INTERCITY-EXPRESS NUMMER 653 … ABFAHRT VON KÖLN HAUPTBAHNHOF 16 UHR 48 … NACH HANNOVER HAUPTBAHNHOF … ANKUNFT 19 UHR 28 … MIT HALT IN WUPPERTAL HAUPTBAHNHOF … HAGEN HAUPTBAHNHOF … HAMM WESTFAHLEN … BIELEFELD HAUPTBAHNHOF … WIRD HEUTE … AUF GRUND VON STÖRUNGEN IM BETRIEBSABLAUF … ETWA FÜNFUNDFÜNFZIG MINUTEN … VERSPÄTET EINTREFFEN. Zuerst schienen die vielen Leute, die hier auf ihren Zug warteten, den Atem anzuhalten. Dann folgte ein einstimmiges großes Stöhnen.

Ja, die Verspätung war ärgerlich. Aber in Hannover würde ich nicht lange auf den nächsten Zug nach Hamburg warten müssen, das wusste ich. Doch das Treffen mit Jan musste ich absagen. Dafür würde es heute Abend zu spät sein.

Ich überlegte, ob ich etwas trinken gehen sollte, hatte jedoch keine Lust, mich mit meinem Gepäck durch das Gedränge zu wühlen. So blieb ich auf dem Bahnsteig, ging aber weiter nach vorn, wo es weniger voll war. Von hier aus hatte ich einen unverstellten Blick auf die Ostpartie des Doms, dessen Strebewerk neben den Gleisen mit atemberaubender Steilheit aufragte.

Inzwischen drängten sich auch auf diesem Abschnitt des Bahnsteigs die Menschen. Niemand jedoch beachtete die aberwitzige Architektur, immerhin das Ergebnis maßlosen Ehrgeizes, des unbedingten Willens, alles zu übertreffen, was jemals in dieser Art gebaut worden war. Vor einigen Jahren noch hätte ich alle, die hier standen, nichts sahen, nichts redeten, dafür auf ihren Handys herumfingerten, für Idioten gehalten. Aber die Zeiten hatten sich geändert. Jetzt war ich einer von ihnen, jetzt zog auch ich mein Handy aus der Tasche, überflog die Nachrichten auf SPIEGEL ONLINE, und ehe ich mich versah, war ich schon wieder auf den rosa Seiten bei SPLASH!

Erst einmal änderte ich auf meinem Profil den Standort, indem ich Hamburg einsetzte, wo ich in ein paar Stunden sein würde. Was ich suchte, war an meinem Online Status erkennbar. Solange ich bei SPLASH! angemeldet war, stand da SEX. Was sollte ich denn auch anderes schreiben? Etwa Relationship? Oder Nix? Einmal hatte ich mit einem gechattet, der immer nur NIX angegeben hatte und doch eindeutig Sex suchte. „Klar will ich ficken", hatte der geschrieben, „aber ich denke, so kommt's nicht so billig rüber." Ich konnte mich bei solchen Spielchen nicht aufhalten. Wenn ich bei SPLASH! online war, suchte ich Sex und nichts anderes.

Nun war das Gedränge auf dem Bahnsteig noch unangenehmer geworden. Die meisten, die hier mit ihren Rollkoffern herumstanden, waren Männer, an diesem Freitagnachmittag auf dem Weg ins Wochenende, einige wohl zu ihren Frauen und Kindern. Und mitten unter all diesen mit ihren Handys beschäftigten Männern stand ich, äußerlich nur wenig unterschieden, innerlich ein Mann, der oft an nichts anderes dachte als an Sex. Wie auch jetzt wieder, da der Zug nicht kam und mir das Erlebnis mit Daniel nicht aus dem Kopf gehen wollte. In meiner Vorstellung erschien mir Daniels runder Arsch nun noch erregender als gestern Abend in seinem Bett, wo immer noch Unsicherheit und Kampf im Spiel gewesen waren. In diesem Augenblick spürte ich in der Mitte meines Körpers ein drängendes Etwas, das schnell nach oben kroch, bis hinein in meinen Hals, wo es sich wie ein bissiges Tier festbiss. Und gleichzeitig kam mir der Gedanke, der doch so nahelag. Wie wäre es, dachte ich, wenn ich eine Nacht in Köln bliebe? Ich könnte mir ein Zimmer nehmen und den Abend in einer der großen Saunen verbringen, wo an diesem Freitagabend die Hölle los sein würde. Vor vielen Jahren hatte ich es einmal so gemacht. Ich war mit dem Zug von weither gekommen, hatte in Köln Station gemacht und war ins „Badehaus" gegangen. Da hatte ich es den ganzen Abend lang mit einem jungen Niederländer getrieben, an den ich mich noch genau erinnerte.

Doch nun stand mir auch vor Augen, wie es war, wenn ich mich in den letzten Jahren einmal in die Szene getraut hatte. Kein Schwein interessierte sich für mich. Das, was vor zehn Jahren noch gut funktioniert hatte, war vorbei. Heute würde ich im „Badehaus" keinen blonden Niederländer mehr ficken, der am Ende so gebrüllt hatte, dass ein frustrierter Idiot mit der Faust an die Kabinentür hämmerte. SPLASH! aber, das war eine andere Welt. Da war es nicht schwer, junge Männer zu finden, die einen älteren Mann wie mich suchten. Ich musste mich nur als das präsentieren, was ich war: als „Dad" oder „Daddy", der am ganzen Körper stark behaart war, als „HairyDad4HornyBoys" eben. Man glaubte es nicht, wie viele junge Männer einen älteren, „reifen" Mann suchten, vielleicht sogar einen, der beim Sex ihren Vater ersetzen konnte. Man musste nur den Mut haben, aus einem virtuellen einen realen Kontakt zu machen. Vor zwei Jahren noch, als ich SPLASH! gerade erst entdeckt hatte, war ich vor einem Treffen immer wahnsinnig nervös gewesen, hatte kurz vorher oft noch einen Rückzieher gemacht. Jetzt fand ich, dass es weitaus schwieriger war, im Internet ein paar Socken zu bestellen, als mich mit einem Jungen, den ich bei SPLASH! aufgerissen hatte, zum Ficken zu treffen.

Schließlich kam der Zug. Ich hatte einen Fensterplatz in einem Großraumwagen des verspäteten ICE 653. Neben mir saß eine elegante, etwa dreißigjährige Frau. Mein Laptop stand auf dem kleinen Klapptisch, der am Vordersitz angebracht war. Die rosa Seiten konnte ich hier nicht aufrufen, selbst auf dem iPhone wäre es kaum möglich gewesen. Meine Sitznachbarin hätte alles sehen können. Ein Blick aus den Augenwinkeln hätte genügt, um zu sehen, was ich da trieb. Vorerst aber telefonierte sie, und ich konnte alles mithören. Nach kurzer Zeit hatte ich begriffen, dass dies eine Lehrerin war, die hier über ihren Schulleiter herzog, den sie einmal einen „stinkenden Ökoschluffi" nannte. Ich ärgerte mich, dass ich bei der Reservierung keinen Platz in der Schweigezone des ICE verlangt hatte. Dabei war mir doch klar, dass ich arbeiten musste, nachdem ich heute Mittag im Verlagshaus den Termin zur Übergabe des Manuskripts bestätigt hatte.

Ich schob den USB-Stick in die Buchse des Laptops. Als die Seiten des Manuskripts erschienen, saß ich eine Weile davor, fand aber nicht hinein in den Text. Dafür betrachtete ich die in den Text integrierten Fotos eines Fotografen, mit dem ich im Frühjahr eine Zeit in Rom verbracht hatte. Ich musste lächeln, als ich daran dachte, wie Max, der Fotograf, zwei Tage in einem Raum im Vatikan auf wackeligen Stühlen und Leitern herumturnte, um die Fresken an den Wänden und an der

Decke zu fotografieren. Dieser Raum war ein kaum bekanntes Zeugnis der Kultur der Renaissance im Vatikan, ein luxuriöses Badezimmer, das sich der Kardinal Bibbiena um 1515 herum mit pornographischen Szenen aus dem Mythos der Venus ausmalen ließ, und der Vatikan hatte erlaubt, diesen bisher streng verschlossenen Ort mit in das Programm des neuen Romführers aufzunehmen. Unter dem neuen Papst hatten sich die Dinge also auch in dieser Hinsicht geändert. Niemand in der päpstlichen Kurie nahm Anstoß an dem Essay, den ich über die so genannte Stufa del Bibbiena geschrieben hatte, nicht einmal an dessen Überschrift *„Wenn Venus sich für den Kardinal auszieht … „*

Ich wusste von der Existenz dieses Badezimmers seit dreißig Jahren. 1985 hatte mich der Restaurator der Fresken Michelangelos in der Sixtinischen Kapelle, Gianluigi C., einmal hineingelassen. Und jetzt, da ich mich genau an sein breites Grinsen erinnerte, während er mir das Bad des Kardinals zeigte, stand mir das Rom der achtziger Jahre so klar vor Augen, als sei kein Tag vergangen.

***

Im Jahre 1983 war Rom mein Zufluchtsort, nachdem mein Leben in der BRD schwierig geworden war. München, wo ich zuletzt gelebt und wo man mich nach einem von mir ausgelösten Skandal bedrängt hatte, meinen Lehrstuhl aufzugeben, wurde mir verhasst. Kein Wunder, dass ich wegwollte aus diesem Staat, der seit einem Jahr von Helmut Kohl regiert wurde. So kam ich an einem Oktobertag auf der Stazione Termini an. Ich hatte wenig Gepäck dabei, wollte ein ganz neues Leben beginnen. An einer deutschen Forschungseinrichtung für italienische Kunst hatte ich eine Anstellung gefunden. Jeden Tag glaubte ich fast verrückt zu werden angesichts der Schönheit der Stadt, besonders morgens, wenn ich die Spanische Treppe hinaufstieg zum Palazzo Zuccari, in dem sich mein Arbeitsplatz befand.

Und dann geschah, was geschehen musste. Nur wenige Tage nach meiner Ankunft lief mir Nino über den Weg. Es war auf dem Monte Caprino, auf dessen verschlungenen Pfaden sich damals noch die ganze Nacht hindurch junge Männer mit dunklen, gierigen Augen herumtrieben. Ich war vor zwei Wochen noch einmal mitten in der Nacht über den Monte Caprino gelaufen. Im Sommer 2014 gab es da keine Männer mehr. Der kleine Garten hoch über dem Forum Romanum war abgesperrt und vernagelt. Unzugänglich das dichte Oleandergebüsch, unter dem man es vor dreißig Jahren nachts ungestört treiben konnte. Tempi passati. Klar, die römischen Jungs hatten längst ein Cellulare, wie das Handy auf Italienisch hieß, und sie suchten sich ihre Sexpartner über das Internet, wie ich auch, wie alle eben. 1984 aber gab es noch kein Cellulare, in diesem Jahr genügte der Monte Caprino, um einem Engel wie Nino zu begegnen.

Es war der Beginn eines neuen Lebens. Da, wo ich herkam, konnte geschehen, was wollte, man konnte sich „den Bösen" nennen, vielleicht sogar „den Unhold", in Ninos Gegenwart fiel alles von mir ab. Alles Schwere und Bedrängende löste sich auf, das Leben wurde spielend leicht. Und mit siebenunddreißig Jahren hatte ich endlich mein eigenes, mein selbstbestimmtes Leben.

Bilder unseres ersten gemeinsamen Sommers stiegen vor mir auf, Erinnerungen an die gleißende Sonne über einem Strand des Tyrrhenischen Meeres. In diesem Licht war die Antike nicht einen Tag vergangen, wurden die schönsten Mythen lebendig, von der Geburt der Venus bis zur Landung ihres Sohns, des Ahnvaters der Römer, an dieser Küste. Und es hätte mich nicht gewundert, wenn in der flirrenden Mittagshitze ein Fabelwesen mit männlichem Oberkörper und Pferdeleib durch das seichte Wasser des Meeres gelaufen wäre. Es wäre nur ein besonderer Akzent gewesen unter den vielen nackten Männern, die an diesem Strand und im angrenzenden Pinienwald Sex und Liebe suchten.

Wenn Nino und ich Lust aufeinander hatten, suchten auch wir uns einen Platz in der kühlen und dunklen Pineta, und da ließen wir uns von niemandem stören, nicht einmal von den Sandvipern, die es hier massenhaft gab. Nino sah ich als Geschenk einer gnädigen Gottheit, als gerechten Ausgleich für all das Widerwärtige, das hinter mir lag. Doch das allein erklärte nicht, warum ich immer, wenn ich an Nino dachte, eine erregende, versengende Freude empfand, die ich nicht kannte. Was es war, wurde mir erst in einer Nacht im Juni 1984 klar. Ich war ein paar Tage in Hamburg gewesen, wo ich Dinge regeln musste, die ich nicht länger aufschieben konnte. Auf dem Rückflug nach Rom hatte ich am Abend den Anschluss in Frankfurt verpasst, und so war ich erst weit nach zwei Uhr in Roma Fiumicino angekommen. Als ich in unsere Wohnung kam, glaubte ich, Nino würde längst schlafen. Es wurde schon hell, als ich mich auszog und, um ihn ja nicht zu wecken, vorsichtig unter die Bettdecke kroch. Überwältigt von dem Gefühl, wieder dort zu sein, wo er war und wo ich hingehörte, konnte ich nicht anders, ich beugte mich über ihn und küsste ihn auf den Mund. Natürlich hatte er nicht geschlafen. Er schlug die Augen auf und lächelte mich an. Ich sah den Ausdruck von Glück und unendlicher Ruhe auf seinem Gesicht, und genau in diesem Augenblick wurde mir bewusst, dass ich mich längst schon in ihn verliebt hatte. Es war eine Art Wunder, wie ich glaubte, jedenfalls etwas, was ich bis dahin für unmöglich gehalten hatte. Und es passierte mir in Rom, dass ich mich das erste Mal in meinem Leben verliebte, und dann noch in einen Mann! Als ich Nino mein Glück nun ins Ohr flüsterte, nahm er alles mit Gelassenheit, ja Heiterkeit hin. „Glaubst du, ich hätte es nicht gewusst? Wie auch du gewusst hast, dass es mir nicht anders ergeht. Aber ein Wunder ist es nicht, denn von rückwärts gelesen heißt ROMA doch nichts anderes als AMOR."

So war es auch kein Wunder, dass ich mich in Rom verliebte. Eher war es ein glücklicher Zufall, mit dem die zweite Leidenschaft meines Lebens begann. Auf meinen Streifzügen durch Rom kam ich eines Morgens in eine Kirche. In meinem Baedeker hatte ich gelesen, dass Michelangelo diese Basilika in einen Saal der Thermen des Kaisers Diokletian hineingebaut hatte, wobei er den antiken Bau weitgehend unangetastet ließ, vor allem dessen gewaltige Gewölbe, die von acht gigantischen Säulen aus rotem Granit getragen werden. Ich war so überwältigt von der ungeheuren Weite dieser Halle, dass ich mich kaum lösen konnte. Als ich dann doch hinausging, traf ich auf einen elegant gekleideten älteren Herrn, den ich zwei Tage zuvor auf einem Empfang der Deutschen Akademie kennengelernt hatte. Er erkannte mich sofort, kam auf mich zu, und bald waren wir in einem Gespräch, in dessen Verlauf er mich zurück in den großen Thermensaal führte. Da zeigte er mir, dass sämtliche Säulensockel und Säulenbasen falsch waren, aus Marmor und Gips um den jeweiligen Säulenschaft herumgelegt, angestückt und angeklebt. Und er erklärte mir auch, warum es so war. Der untere Teil der Säulen mit seinen echten Basen und Sockeln steckte heute tief im Erdreich, nachdem man das Bodenniveau wegen des feuchten Untergrunds um fast drei Meter angehoben hatte. Dann liefen wir beide wie zwei Kinder in dieser grandiosen Halle umher und versuchten uns vorzustellen, wie der riesige Raum mit seiner originalen Höhe gewirkt haben musste, und wie er aussah, als die heidnischen Römer hier, wo es jetzt eine Kirche der Jungfrau Maria gab, ihren Badespaß und noch ganz andere Vergnügen suchten. Als wir uns an diesem Tag trennten, verabredeten wir, uns wenigstens einmal im Monat zu treffen, um gemeinsam durch die Stadt zu streifen. Und in den sieben Jahren, in denen ich in Rom lebte, haben wir diese Regel weitgehend eingehalten.

Mein persönlicher Stadtführer, der alles über Rom und seine Bauten wusste, war Aurelio N., einer der bekanntesten Schriftsteller Italiens. Ob man ihn als berühmt oder berüchtigt bezeichnete, kam auf den Standpunkt an. Voyeurismus, Sadismus und Masochismus, Inzest waren die Themen seiner Gesellschaftsromane. Dafür war er bekannt, und dabei nahm er kein Blatt vor den Mund, ließ kein Detail aus. Kein Wunder also, dass seine Bücher immer wieder Skandale provozierten und nicht zuletzt deswegen Erfolg hatten, weil sie sofort nach dem Erscheinen auf dem Index der verbotenen Bücher der katholischen Kirche landeten. Übrigens hatte N. diese Art von Reklame gar nicht nötig, er sorgte selbst dafür, dass er immer im Gespräch blieb. Zum Beispiel 1986, als der damals Achtundsechzigjährige eine fünfundvierzig Jahre jüngere Frau heiratete. Darüber zerriss sich ganz Rom und halb Italien das Maul, besonders nachdem er in einer für ihn typischen Provokation einem Journalisten mitgeteilt hatte, wie sehr ihn der „afrikanische Hintern“ seiner jungen äthiopischen Ehefrau erregte.

Eines Tages saßen N. und ich am Ende eines langen Spaziergangs auf einer Parkbank des Pincio. Eine Zeitlang hatten wir geschwiegen. Wie so oft war ich auch jetzt wieder überwältigt von der Schönheit der im Abendlicht vor uns liegenden Kuppel von Sankt Peter. Als ich davon zu sprechen begann, setzte N. brutal dagegen: die makellose Schönheit der Kuppel sei doch nichts anderes als eine gerissene Inszenierung, um von den Verbrechen abzulenken, die hier seit tausend Jahren begangen würden. Sein nächstes Romanprojekt sei genau diesem Thema gewidmet, und mit Freuden sähe er seiner Steinigung entgegen.

Dass Rom nicht heilig und schon gar nicht human war, hatte auch ich längst begriffen. Unübersehbar waren die Probleme dieser Millionenstadt, in der es kein ausreichendes Verkehrsnetz gab, in der der gesamte öffentliche Sektor heillos unterfinanziert war. Bedrückend die Allgegenwart des Heroins, die dazu führte, dass überall in den dunkleren Ecken der Stadt Spritzen herumlagen, dass irgendwann auch Freunde an der Nadel hingen. Und nicht, dass mir nicht auffiel, wie sich die italienische Gesellschaft in diesen achtziger Jahren veränderte.

Schon damals beherrschte Berlusconi mit seinen Printmedien, seinen TV-Sendern die öffentliche Meinung. Nino sah dahinter die Absicht, aus einem genügsamen, manchmal störrischen Volk eine Masse von konsumorientierten Idioten zu machen.

Doch mit Nino lebte ich meinen Lebenstraum. Italienisch konnte ich schon, als ich nach Rom kam. Jetzt wurde ich von Nino so gedrillt, dass ich bisweilen für einen Italiener gehalten wurde. Der Wunsch es zu sein, war oft in mir aufgestiegen. Aber ich blieb ein Deutscher, über dessen deutsche Macken sich die Freunde amüsierten, obwohl die meisten, das war mir längst klar, innerlich auf die Knie gingen vor den Deutschen, diesen schlecht angezogenen, aber effizienten Barbaren, die nicht nur die besseren Autos bauten, sondern auch oft die brutalen Eroberer gewesen waren.

In gewisser Weise betraf das auch meine italienischen Kollegen, die die Arbeit dieses Deutschen erst misstrauisch beäugt hatten, nach und nach aber anerkannten, wie erfolgreich ich mit meiner neuartigen Methode war. Ich befasste mich mit der frühen italienischen Malerei und fand neue Antworten auf ungeklärte Fragen, die die Malerei vor Giotto aufwarfen. 1988 erschien mein „Handbuch der italienischen Malerei von den Anfängen bis zu Giotto". Bald wurde es in alle Kultursprachen übersetzt, sogar ins Japanische. Ab 1989 lehrte ich an der staatlichen römischen Universität, bis ich 1991 Italien verließ, um im Nachwende-Berlin einen Lehrstuhl an derHumboldt-Universität zu übernehmen. Für mich, diesen „naturalisierten" Römer, war das wie ein Sprung in eiskaltes Wasser.

***

Der Schaffner riss mich aus meinen Träumereien. Nachdem ich ihm meine Fahrkarte und meine BahnCard gezeigt hatte, fiel mir ein, dass ich arbeiten wollte. Ich verschob die Seiten des Manuskripts auf dem Laptop, und auf einmal sah ich das Foto eines Freskos, das sich an einem der verborgenen Orte Roms befand. Es zeigte einen in extremer Krümmung nach vorn gebeugten nackten Mann, der mit einer Waage hantierte. Ich vergrößerte es so, dass es den ganzen Bildschirm ausfüllte.

„Was haben Sie denn da?", fragte die Frau neben mir. Mir kam es vor, als ob sie ein Lachen unterdrückte.

„Das ist Kairos. Ein Gott der alten Griechen, der Gott des günstigen oder glücklichen Zeitpunkts."

„Aha!", sagte sie, während ihre Augen mich ironisch-irritiert anfunkelten.

„Seine großen Flügel zeigen, dass er ein Gott der vergehenden Zeit ist. Er saust unaufhaltsam durch die Lüfte. An den Füßen hat er auch noch Flügel. Vorder- und Hinterantrieb eben."

„Der sieht doch wie ein Punker aus. Finden Sie nicht?"

„Ja, stimmt. Vorn fällt ihm eine lange Haarsträhne ins Gesicht und am Hinterkopf ist er kahl rasiert. Die alten Griechen hatten also genau dieselbe Redewendung wie wir: eine Gelegenheit zum richtigen Zeitpunkt beim Schopfe packen. Wenn man den Gott hinten packen wollte, hatte man Pech, denn da war nichts. Man musste den Schopf an der Vorderseite zu fassen kriegen, um den richtigen Zeitpunkt zu erwischen."

„Und was hat die Waage damit zu tun? Die ist doch ein Symbol der Gerechtigkeit."

Ich lachte. „Nein. Ein Gott der Gerechtigkeit ist er ganz und gar nicht. Schauen Sie mal, was da los ist. Die Hebel der Waage balanciert er, extrem verschoben, auf einem Messer, das vielleicht sein Rasiermesser ist. Die eine Schale, die eigentlich nach oben sausen müsste, drückt er nach unten und hält sie mit der Hand im Gleichgewicht. Aber wehe, wenn er Lust hat sie loszulassen. Das Ganze ist reine Willkür, und wie das Messer zeigt, kann es um Leben und Tod gehen."

„Das ist ja krass. Wie heißt dieser Gott?"

„Kairos. Der Gott des glücklichen Zeitpunkts. Er allein bestimmt, dass jemand den richtigen Zeitpunkt erwischt für das, was er vorhat … oder auch nicht, denn man kann ja auch mal zur falschen Zeit am falschen Ort sein. Das ist dann auch sein Werk."

„Krass!"

Nachdem ich gesagt hatte, dass die griechischen Mythen allesamt ziemlich krass waren, wusste ich, dass sie jetzt gleich nach meinem Beruf fragen würde, und im selben Moment tat sie es, interessiert, keineswegs aufdringlich. Und wieder einmal spürte ich, wie schwer es mir fiel, zu sagen, dass ich Kunsthistoriker war. Viele Leute konnten mit der Berufsbezeichnung nichts anfangen, und ich sah ja selbst, dass der Beruf längst aus der Zeit gefallen war. Zumindest so, wie ich ihn verstand.

„Ach, dann sind Sie ein Kollege von diesem Typen, der in den Fälschungsskandal verwickelt war, der durch seine windigen Gutachten

Hunderttausende kassierte. Da gab es diesen Prozess in Köln, den ‚Bild' groß ausschlachtete. Wie heißt noch mal dieser Experte?", sie lachte, „Experte in Anführungszeichen!"

„Werner S. heißt er. Das ist eigentlich ein ehrenwerter alter Mann, mit großen Verdiensten um die Kunstwissenschaft. Was ihn geritten hat, diese Fälschungen als echt einzustufen, begreift niemand. Er ließ nicht einmal die Zusammensetzung der Farben untersuchen. Später stellte sich heraus, dass es das vom Fälscher verwendete Weiß zur Zeit des Malers Max Ernst noch gar nicht gab. Gott sei Dank, dass ich mit dem vollkommen verrückt gewordenen Kunstmarkt nichts mehr zu tun habe. Das ist der letzte unregulierte Markt, ein Markt, der fantastische Gewinnspannen ermöglicht, fast wie der Rauschgifthandel. Deswegen die vielen Fälschungen, die vielleicht siebzig Prozent des gesamten Angebots ausmachen. Gut, dass ich damit nichts mehr zu tun habe. Inzwischen bin ich in die Tourismusbranche abgestiegen, die manchmal Leute wie mich sucht."

Sie lachte. „Abgestiegen ist gut. Das ist eigentlich nicht Ihr Niveau, stimmt's?"

„Nein, nein, das ist nicht das Problem. Niveau, was ist schon Niveau? Ich hatte aber keine Lust auf eine solche Diskussion und wechselte das Thema. „Und Sie? Wie lebt es sich als Lehrerin an einem Kölner Gymnasium?"

Erst schaute sie mich verwundert an, dann lachte sie und bat mich, ihr „Gesabbel" am Handy zu entschuldigen. Nach dem Ferienbeginn in Nordrhein-Westfalen sei sie eben noch voll vom Wahnsinn der vergangenen Wochen. Und dann fing sie an, aus dem Schulleben zu erzählen, Dinge, von denen ich annahm, dass sie stark übertrieben waren, etwas in der Art von „Fack ju Göhte". Während der Zug in Hannover Hauptbahnhof einfuhr, sagte sie, inzwischen sei die allgemeine Verblödung an ihrer Schule so weit fortgeschritten, dass sie sich jeden Tag frage, ob sie sich das alles noch länger zumuten wolle. Bald würde sie den Absprung schaffen. Das hoffe sie wenigstens.

Bevor wir ausstiegen, gab sie mir die Hand. „Hat mich gefreut, Sie kennenzulernen. Alles Gute für Sie."

„Ihnen auch. Schicken Sie mal eine Postkarte, wenn Sie den Schopf des Kairos erwischt haben."

„Ja, das mache ich. Vielleicht sollte ich Kunstgeschichte studieren. Das ist ein sehr interessantes Studium", sagte sie lachend. Dann schob sie sich im Gedränge aus dem Wagen.

Ich folgte, als der Mittelgang frei war.

Nachdem mir klargeworden war, dass ich auf den nächsten ICE nach Hamburg fast eine Stunde warten musste, schrieb ich Jan bei WhatsApp: „Hallo Jan. Werde heute Abend mit großer Verspätung ankommen. Lass uns das Treffen verschieben. Vielleicht auf morgen, wenn du kannst. LG Ben"

Umgehend kam die Antwort: „Hallo, mein Lieber. War mit dem Fahrrad in Lauenburg. Bin ziemlich kaputt. Wollte auch schon absagen. Morgen geht es leider nicht. Sonntag hab ich Zeit."

„Oh, das wird kompliziert. Sonntag bin ich nicht da. Muss meinen Freund Manfred im Krankenhaus besuchen. Da bin ich fast den ganzen Tag unterwegs. Montag?"

„Gut. Montag ist prima. Wir schreiben."

„Ja. Bis Montag dann."

Der ICE 572 nach Hamburg kam pünktlich und fuhr pünktlich ab. Im ersten Wagen hatte ich ein Abteil gefunden, in dem ich bis Altona allein blieb. Hier setzte ich den Laptop in Gang, und nachdem ich mich bei SPLASH! eingeloggt hatte, sah ich, dass ich drei neue Nachrichten hatte.

Die erste kam von einem Kerl mit dem Nickname SportyHairyHunky. „Hi" hatte der geschrieben, sonst nichts. Vielleicht hatte er gesehen, dass ich jetzt online war und dass ich seine „Nachricht" gelesen hatte, denn nun schickte er Fotos. Ich sah einen Mann um die dreißig, sehr sexy, mit einem schönen Vollbart und dunklen, melancholischen Augen. Ich überlegte, was ich ihm schreiben könnte, dann schrieb ich aber doch nichts. Nach diesem Tag fühlte ich mich als hätte ich Blei in den Knochen. So schickte ihm nur einen Tapser, ein kleines Bildsymbol in Form eines Fußtapfens, das ausdrücken sollte, wie „scharf" ich ihn fand. Gleich danach loggte ich mich aus.

***

An dieser Stelle meines Berichts muss ich einmal stopp sagen. Ich denke an das, was mir erspart geblieben wäre, wenn ich auf das „Hi" nicht reagiert hätte, wenn ich dem User mit dem Nickname SportyHairyHunky keinen Tapser geschickt hätte.

Heute haben wir Samstag, den 14. November 2015. Es ist eine Zeit, in der selbst jene Hamburger genervt sind, die ihre Stadt für die schönste der Welt halten. Die Sonne zeigt sich seit Tagen nicht. Nebel hängt über der Stadt, der abends als eiskalter Nieselregen in die Straßen fällt. „Man mag keinen Hund rausjagen", sagte meine Nachbarin gestern. Und so bleibe auch ich zu Hause. Ich sitze in der gut geheizten Höhle meines Arbeitszimmers und schreibe an dem Bericht über die sieben Tage im Juli 2014, an deren Ende das fatale Treffen mit SportyHairyHunky stand.

Seit diesem Treffen am Abend des 16. Juli 2014 ist schon viel Wasser die Elbe heruntergeflossen, und ein echter Schriftsteller hätte viele Seiten seines Buchs mit der Beschreibung meines seelischen Zustands füllen können. Ich kam mir dermaßen verloren vor, dass ich nichts mehr entscheiden konnte, nicht mehr wusste, was ich tun sollte. Ich kann nur sagen, dass es gut gewesen wäre, über all das einmal reden zu können. Doch ich konnte nicht. Wem hätte ich mich anvertrauen können? Etwa einem dieser angeblichen Seelenheiler?

Dann tauchte an einem Oktoberabend des Jahres 2014 Jan bei mir auf. Er war drei Monate mit dem Fahrrad in Skandinavien unterwegs gewesen, bis hinauf zum Nordkap, und nun stand er einfach vor meiner Tür. Als er bei mir klingelte, hatte er gedacht, ich kann's ja mal versuchen. An diesem Abend war an Sex nicht zu denken. Stattdessen habe ich ihm erzählt, was ich drei Monate zuvor mit SportyHairyHunky erlebt hatte. Zuerst dachte ich, er würde mich auslachen, denn das Ganze war doch wirklich nicht zu glauben, auf eine nahezu idiotische Weise unwahrscheinlich. Dann sagte er etwas, was typisch für ihn war, und es spiegelte seine unendliche Begeisterung für das Kino. „WOW! Was für eine Geschichte! Großes Kino ist das, aber kein bisschen unwahrscheinlich, einfach nur großes Kino! Schreib's auf, und du bist es los! Vielleicht mach ich eines Tages einen Film draus."

Im Dezember 2014 fing ich an, meine Geschichte aufzuschreiben. Der Tod meines Freundes Manfred kam dazwischen, und ich hatte genug zu tun, seinen Nachlass zu ordnen und das Werkverzeichnis dieses Malers auf den Weg zu bringen. Aber das Erlebnis am Abend des 16. Juli 2014 hatte mich so durchgeschüttelt, dass ich immer damit beschäftigt blieb. Und als ich im Spätherbst 2015 Zeit fand, fortzusetzen, was ich vor einem Jahr begonnen hatte, stand mir der Plan meiner Geschichte schon deutlich vor Augen.

So sitze ich in diesen Novembertagen in meinem Arbeitszimmer und schreibe an dem Bericht, den ich Jan versprochen habe. Und Jan bleibt immer beteiligt. Denn nun will er alles wissen. Alles über meine Kindheit und Jugend in Hamburg, alles über meine unterschiedlichen Lebensphasen in Wien, München, Rom, Berlin und wieder in Hamburg.

Inzwischen habe ich sogar Spaß daran, die Geschichte so zu erzählen, als sei sie kein nüchterner Bericht, sondern die Geschichte eines echten Erzählers. Aber sie bleibt meine Geschichte. Es ist meine Lebensgeschichte und gleichzeitig die Geschichte meiner Begegnung mit dem jungen Mann, der sich bei SPLASH! SportyHairyHunky nannte.

Lange Zeit wusste ich nicht, wie ich das Kunststück fertigbringen sollte, von den sieben Tagen im Juli 2014 zu erzählen und gleichzeitig von meinem kompliziert verlaufenen Leben. Inzwischen weiß ich, wie es geht. In diesen Tagen, in denen man keinen Hund auf die Straße jagen möchte, komme ich mir vor wie ein russischer Holzschnitzer, der seine vielfach ineinander verschachtelten Puppen aus einem Stück Holz herausarbeitet. Es sind diese bunt bemalten Matrjoschkas, die für die Russen Glücksbringer sind. Erika, die Freundin Russlands und vieler Russen, hat mehrere solcher Matrjoschkas. Überall in ihrem Haus stehen sie herum. Keine Industrieware. Zum Teil sehr schöne Puppen aus der Anfangszeit der Matrjoschkas. Nahezu ein Wunderwerk in ihrer Sammlung ist eine Puppe aus Sagorsk, in deren äußerer Gestalt siebenundvierzig weitere stecken, eine kleiner als die andere. Die kleinste ist gerade einmal so groß wie der Kopf eines Streichholzes.

***

Im Abteil des ICE nach Hamburg-Altona träumte ich vor mich hin. Bilder der vergangenen Tage stiegen in mir auf. Ich fragte mich, was Daniel wohl machte an diesem Freitagabend. Ob er bei SPLASH! auf der Suche war, hätte ich nachprüfen können, wollte es aber lieber nicht wissen. Auch das Bild des Kairos war wieder gegenwärtig. Ja, das mit Daniel war zum richtigen Zeitpunkt gekommen. Und ich hatte ihn beim Schopf gepackt, den günstigen Augenblick. Jetzt war ich sogar Erikas Putzfrau dankbar, die mich in die Flucht geschlagen hatte. Wer weiß, wie der Nachmittag sonst verlaufen wäre. Wahrscheinlich wäre ich auf mein Bett gefallen und sofort eingeschlafen.

Der Zug fuhr seit einiger Zeit langsamer. Ich hatte gesehen, dass wir durch Uelzen gefahren waren. Jetzt tauchte wieder ein Bahnhof auf, und ich konnte lesen: Bienenbüttel.

Der seltsame Name traf mich. Aus Bienenbüttel kam doch Serdar, der türkische Junge, der mich schon ein paarmal besucht hatte, immer dann, wenn er das Auto seines Vaters bekam, um Verwandte aus der Türkei zum Hamburger Flughafen zu bringen. Auch wir hatten uns über SPLASH! kennengelernt, und irgendwann hatten wir unsere WhatsApp-Nummern ausgetauscht.

Ich hatte keine Ahnung, wie der Junge aus einer Familie strenggläubiger Muslime erfahren hatte, dass es so etwas wie SPLASH! gab. Jedenfalls hatte er eines Tages mein Profil entdeckt und eine Nachricht geschickt: „Guten Tag. Ich mag sehr, was in Ihrem Profil steht. Ich würde Sie gern kennenlernen." Seltsam, dass er mich siezte, dachte ich, und noch seltsamer, dass sein Deutsch korrekt und förmlich war. Die meisten deutschen User schrieben ihre Nachrichten in einer Sprache, die jeden Deutschlehrer auf die Palme bringt, und ausgerechnet er schrieb korrektes Deutsch, ein Junge mit, na ja, ich konnte es nicht mehr hören, Migrationshintergrund?

„Ich mag sehr, was in Ihrem Profil steht", hatte er also geschrieben, und ich hatte keine Ahnung, worauf er sich bezog, musste erst einmal nachschauen, was ich ein Jahr zuvor unter dem Benutzernamen HairyDad4HornyBoys ins Netz gestellt hatte.

Als ich meinen Steckbrief zu Ende gelesen hatte, war ich erstaunt. Erstaunt? Nein, ich war peinlich berührt von all den Dingen, die ich da in aller Öffentlichkeit preisgegeben hatte.

HairyDad4HornyBoys

Stats: 100 Jahre, 179 cm, 84 kg
Ort: Hamburg-Altona
Sprache: Deutsch, Englisch, Italienisch
Haare: rasiert
Augen: dunkel
Behaarung: überall am Körper dunkel behaart

Gesucht sind neu-gierige JUNXXX, die vom Kopf bis zu den Füßen (!) verwöhnt werden wollen.

Ich brauche keine Fesseln, Ketten, Peitschen und Gasmasken, um geil zu werden. Ich nehme auch keine Drogen beim Sex. Mir reicht ein geiler junger Kerl wie du. DU bist meine Droge. Und wenn du kein Deo nimmst, ist der Geruch deiner Achselhöhlen geiler als eine ganze Flasche Poppers,

Ich lecke dir Nippels, Eier, deine Arschritze, deine Feet. Ja, ich lecke gern deine Feet, und das finde ich so geil, dass ich dabei schon einmal einen Orgasmus kriegen kann. Und dann will ich schön lange deinen Schwanz lecken und deepthroat bis zum Anschlag blasen und meinen von dir blasen lassen. Ficken ist kein Muss, aber in jedem Fall geil. Wenn du magst, fick ich dich lange und ausdauernd, bis wir beide nicht mehr können. Und wenn es passt, lass ich mich gern auch einmal von einem jungen Boy ficken. Nichts ist geiler als das.

Ficken natürlich immer safe. Ich will ja gesund bleiben, und du sicher auch.

Willkommen sind unverzickte Gays. Sehr gern auch türkische und arabische Jungs. Bi-Boys aber nur, wenn sie nach dem Orgasmus noch mit der Situation klarkommen.

War das ich? Ich hatte das geschrieben? Ich muss verrückt gewesen sein, als ich das ins Netz stellte, dachte ich. Doch all das wäre nicht weiter schlimm gewesen, wenn da nicht auch das große Foto gewesen wäre, auf dem ich genau zu erkennen war. Dabei konnte ich auf das Foto, das ich nach unzähligen Versuchen zustande gebracht hatte, durchaus stolz sein. Damals war ich schlanker gewesen. Ich blickte selbstbewusst, fast herausfordernd in die Kamera, während ich breitbeinig auf dem Dielenboden stand und meine haarigen Arme vor der noch viel haarigeren Brust verschränkt hatte. Dass ich am Körper immer noch dunkel behaart war, wunderte mich immer wieder, vor allem weil meine Kopfhaare längst grau geworden waren, und da ich das nicht ertragen konnte, rasierte ich mir eine Glatze. Ein Witz war allerdings, dass der Mann auf dem Foto hundert Jahre alt sein sollte. Es war aber nicht nur ein Witz, es war auch ein Zeugnis meiner Feigheit. Denn als ich mein Profil bei SPLASH! einrichtete, war ich auf die Idee genommen, mein wahres Alter mit unglaubwürdigen neunundneunzig Jahren zu verschleiern, und da bei SPLASH! das Alter der User automatisch aktualisiert wurde, war ich hier längst hundert Jahre alt geworden.

Serdar, dieser hochaufgeschossene junge Türke, der niemals seine graue Wollmütze abnahm, strahlte eine unglaubliche Ruhe aus, darüber hinaus noch etwas, was schwer zu beschreiben war. Manchmal dachte ich, dass es Anmut war, vielleicht auch Würde. Jedenfalls verhinderte es, dass die übergroße Höflichkeit, die er mir gegenüber zeigte, unterwürfig wirkte. Wie ich bald begriff, war dies eine Höflichkeit aus einer anderen Gesellschaft oder aus einer weit zurückliegenden Zeit. Wahrscheinlich war es eine Höflichkeit, die nichts anderes bedeutete als Respekt vor meinem Alter. Er siezte mich und verstand nicht, dass ich ihm das Du anbot. Er siezte mich auch noch, nachdem wir längst Sex gehabt hatten. Nach einiger Zeit wusste ich, dass er immer Hunger hatte, wenn er zu mir kam, und immer machte ich ihm etwas zu essen. Während des Essens hatte er einmal gesagt: „Ich danke Ihnen, dass Sie so gut zu mir sind. Gott segne Sie." Danach versuchte er mir die Hand zu küssen. Es war mir peinlich, und ich zog die Hand weg. Er verstand es nicht. Vielleicht weil es für ihn selbstverständlich war, seinem Vater und den älteren Männern seiner Verwandtschaft die Hand zu küssen.

Sex mit diesem Jungen war seltsam. Er zog sich aus, legte sich mit dem Rücken aufs Bett und blieb bis zum Schluss vollkommen passiv. Nicht, dass er sich ficken ließ, das schon gar nicht. Er lag einfach da und ließ sich überall streicheln und lecken. Er mochte es sogar sehr, dass ich ihm die Füße leckte. Irgendwann brachte ich ihn dann zum Kommen. Mehr geschah nicht. Ich ließ mich aber gern darauf ein, weil dieser Junge vollkommen schön war.

Niemals zuvor war ich auf den Gedanken gekommen, einen Jungen als „schön" zu bezeichnen. Bei Serdar aber war das Attribut unvermeidlich, zuallererst wegen seiner riesigen Augen. Doch diese Augen waren von einer Unverschämtheit, die nicht zu seiner Höflichkeit, Anmut und Würde passte. Wahrscheinlich waren seine Augen Ausdruck für Bedürfnisse, die er mir bisher nicht gezeigt hatte. Auf diesen Gedanken jedoch kam ich erst nach unserem letzten Treffen.

Wie immer begann auch unser letztes Treffen mit dem Ritual, das sich zwischen uns eingespielt hatte. Zuerst machte ich ihm etwas zu essen, und dann war auch der Sex zunächst nicht anders als sonst. Ich spürte aber, dass sich in ihm etwas löste, lockerte, und nach kurzer Zeit lief etwas ab, was mich überraschte, ja überrumpelte, vor allem deswegen, weil ich vollkommen passiv blieb in einem Spiel, das er sich vorher ausgedacht haben musste und das schon nach wenigen Minuten zu Ende war: Als er gesehen hatte, dass ich auf dem Rücken lag, schob er sich über meine Mitte und steckte sich meinen Schwanz in den Arsch. Einfach so. Ohne Gummi. Ich sah, wie er sich federnd auf und ab bewegte, dabei seiner Lust freien Lauf ließ, bis sein Sperma im hohen

Bogen über meine Brust, meinen Kopf hinweg an die Wand klatschte. Was dann kam, war kaum auszuhalten: Im nächsten Augenblick sprang er auf, griff seine Sachen und verschwand im Badezimmer, das er verriegelte. Ich konnte hören, mit welcher Hast er das Wasser aufdrehte, und dass er mindestens eine halbe Stunde duschte. Als er vollständig angekleidet aus dem Bad kam, wollte ich etwas sagen, da war er schon im Treppenhaus, und ich blieb ratlos zurück.

Wochen später entdeckte ich auf seinem Account bei WhatsApp neue Fotos. Vor einer Landschaft mit Olivenbäumen sah ich ihn in einem eleganten Anzug. An seinen ausgestreckten Händen hielt er, wie beim Tanz, eine junge Frau. In den Tagen danach tauchten immer neue Bilder auf, Varianten dieses Motivs. Immer wieder der glückliche Serdar und seine junge, schöne Frau mit ihrem aufgetürmten Kopftuch.

Vor einiger Zeit hatte er mir erzählt, dass er eine Lehre in einer Elektrofirma nach mehr als zwei Jahren abgebrochen habe. Jetzt suche er schon lange einen Job, wisse nicht, was er machen solle. Draußen auf dem Land sei nichts zu finden. Seine Eltern hätten den Wunsch, dass er zu einem Onkel nach Diyarbakir ginge, in dessen Elektro-Geschäft er arbeiten könne.

Nun hatten sie ihn also verheiratet, dachte ich. Diesen schwulen Jungen hatten sie irgendwo ganz weit hinten in der Türkei verheiratet, da, wo er keine Chance hatte zu entkommen.

Nachdem ich die Fotos entdeckt hatte, ließ ich mir einen Termin bei meiner Ärztin geben. Ich wollte sicher sein, dass ich Serdar nicht mit irgendetwas angesteckt hatte. Am Donnerstagmorgen wurde mir mehrfach Blut abgenommen, am Montagmorgen klingelte bei mir sehr früh das Telefon. Als ich die Nummer sah, befürchtete ich das Schlimmste. „Kein Grund zur Sorge, alles in Ordnung“, sagte die Ärztin.

Während der ICE 572 über die Elbbrücken fuhr, war die Sonne längst untergegangen. Der Himmel über Hamburgs Westen aber glühte noch. Ich sah die Riesenkräne des Hafens, ein paar Schiffe, die Hafencity mit der Elbphilharmonie, die inzwischen wie eine Narrenkappe aussah. Alles schwamm, tiefschwarz, im Widerschein des letzten Lichts eines langen Tages.

3.

Andi

Mit rasendem Herzschlag und ausgedörrtem Mund war ich an diesem Samstagmorgen aufgewacht. Ich kannte das. Aber diesmal war es schlimmer als sonst. Während ich die Treppe hinunterging, um meine Post zu holen, fühlte ich mich als hätte ich einen schweren Kater. Dabei hatte ich gestern keinen Tropfen Alkohol getrunken.

Später saß ich müde, ohne Kraft und Antrieb am Küchentisch. Ich versuchte die SZ zu lesen, konnte mich aber auf nichts konzentrieren, bis ich auf etwas stieß, was mich an die Debatten erinnerte, die meine Schwester und ich während der letzten Woche mit den Russen geführt hatten. Diese russischen Historiker waren ohne Ausnahme fanatische Befürworter der Krim-Annexion im März dieses Jahres. Mich empörte immer noch, mit welcher Dreistigkeit Putin auf der Krim seine Macht demonstriert und dem Westen seine Ohnmacht vorgeführt hatte. Erika dagegen nahm eine nicht unkritische, letztlich aber verständnisvolle Haltung gegenüber der aktuellen Politik Russlands ein, was in Russland gerade jetzt wieder anerkannt wurde, da die Staatliche Universität von Kasan dieser deutschen Historikerin die Ehrenmitgliedschaft angetragen hatte. Erika wusste das zu schätzen. Die Universität war eine der bedeutendsten Russlands. Lenin hatte dort studiert und der größte Schriftsteller des Landes, Tolstoi.

Erika hatte schon 2005, also lange vor den Unruhen auf dem Majdan, in ihrem Buch „Russlands Weg nach Süden" die These vertreten, dass in der Ukraine ein Bürgerkrieg unvermeidlich sei. In der Ukraine drohe die Spaltung in einen ukrainisch sprachigen Westen und einen russisch sprachigen Osten, zu dem auch die Krim gehöre, wo es mit mindestens siebenundsiebzig Prozent den größten Anteil russischer Muttersprachler innerhalb der Ukraine gebe.

Erika kannte ich besser als jeden anderen Menschen, und mir war klar, in welchem Dilemma sie zum gegenwärtigen Zeitpunkt steckte. Ihre Bücher über die russische Geschichte waren inhaltlich und methodisch unantastbar, eingebettet in den aktuellen wissenschaftlichen Diskurs. Doch geschrieben waren sie in einem Stil, der in keiner Zeile vergessen ließ, wie sehr die Autorin Russland und seine Menschen liebte. Gegenwärtig wurde diese Liebe allerdings auf eine harte Probe gestellt.

Mit Schrecken registrierte Erika, wie sehr sich das politische Klima seit 2012 verändert hatte, als Putin zum dritten Mal Präsident wurde. Das sagte sie nicht öffentlich, um Russlands Gegnern keine Munition zu liefern, mir gegenüber verschwieg sie aber nichts. Am schrecklichsten sei für sie die öffentliche Rehabilitation des „millionenfachen Massenmörders“ Stalin. Vor einiger Zeit sei sie einmal durch Moskau geschlendert, erzählte sie, und plötzlich sei ihr fast die Luft weggeblieben, als ihr aus dem Schaufenster eines Andenkenladens eine riesige Fotomontage entgegensprang. „Zu sehen war Stalin und der wie eine schöne Ratte lächelnde Putin beim gegenseitigen Händeschütteln. Es war deprimierend.“

Ich holte das Telefon und rief meine Schwester an. Nachdem ich genug über meinen Gesundheitszustand gejammert hatte, las ich ihr vor, was ich in der SZ gefunden hatte: „*Der Streit um Russland und die Ukraine wird in Deutschland anders als sonstige außenpolitische Debatten geführt: hartnäckiger, emotionaler, aggressiver. Putin-Versteher und Putin-Verächter stehen sich bisweilen unversöhnlich gegenüber.*“

Erika lachte. „Wieder einmal das typische Rauschen in Blätterwald. Nichts weiter. In meinem Umfeld habe ich noch keine Putin-Versteher getroffen.“

Ich lachte auch. „Wahrscheinlich, weil du die einzige Putin-Versteherin außerhalb Russlands bist, von dem Putin-Versteher Gerhard Schröder einmal abgesehen.“

Sie stöhnte auf: „Gerhard Schröder, diese Koof-mich-Seele! Aber lassen wir das. Wenn ich mir anhören muss, welchen Unsinn halbwegs intelligente Menschen über Russland und die russische Politik daherreden, vor allem auch hier an der Universität, dann bin ich gern eine Putin-Versteherin, gern auch die einzige.“

Ich versuchte sie ein bisschen zu ärgern. „Was meinst du, hat Putin beim Eurovision Song Contest in diesem Jahr auch für Conchita Wurst gestimmt, wie viele andere Russen auch? Sag’s mir, du Putin-Versteherin.“

Ich hörte ihr schallendes Gelächter. „Wie kommst du denn auf diese skurrile Idee? Aber ich sag’s dir: Wahrscheinlich nicht. Weil die russischen Teilnehmer in Kopenhagen wegen der Ukraine so viele Buhrufe bekamen.“

„Nicht, weil das ganz offensichtlich ein Schwuler war, der mit seinem perfekt gelungenen, aber doch auch verrückten Auftritt alle Herzen im Sturm eroberte?“

„Ach, darauf willst du hinaus!?“

„Aus Putins Umfeld kam doch sofort nach dem Sieg von Conchita Wurst auf Twitter: ‚Euro-Homos, schmort in der Hölle!‘ Oder: ‚Russische Männer, seid keine Weiber!‘

Ein paarmal habe ich schon gedacht, ich begleite dich, wenn du nach Kasan fährst, um die Ehrenurkunde der Universität entgegenzunehmen. Du weißt, ich wollte immer schon einmal mit dir nach Russland. Jetzt bin ich mir aber nicht mehr so sicher.“

„Du kannst ruhig mitkommen. Ich passe schon auf meinen großen Bruder auf“, sagte sie mit ihrem hellen Lachen. „Und wie ein, na ja, ‚Weib‘ siehst du auch nicht gerade aus. Außerdem weiß ich aus verlässlicher Quelle, dass Schwule, wenn sie ein paar Regeln beachten, in den großen Städten unbehelligt leben und ausgehen können, besonders in Moskau, das sich in eine moderne Metropole verwandelt hat. Das heißt, privat kannst du machen, was du willst. Aber was mir seit längerer Zeit schon Angst macht, ist dieser Geist der Intoleranz, der sich in der medialen Öffentlichkeit immer mehr ausbreitet und der inzwischen so etwas wie Staatsdoktrin geworden ist. Das führt zu einer Frontstellung gegenüber dem Westen, der immer mehr zu einer feindlichen Zivilisation wird, die man abwehren muss. Homosexualität ist für den Staat und seine Medien ein gefährlicher Virus, der im Westen zu Hause ist und vor dem Russland sich schützen muss. Vor allem die Macher des Staatsfernsehens tun so, als müsse man vor den Schwulen Angst haben. Sie propagieren aber seit einiger Zeit unverhohlen den Krieg als Mittel der Politik, drohen dem Westen sogar mit dem Atomwaffenpotenzial Russlands. Und viele Russen finden das gut. Der reinste Wahnsinn.“

Während Erika so sprach, spürte ich wieder die tiefe Zuneigung zu meiner Schwester, sogar eine Art Zärtlichkeit, die mich oft erfasste, wenn sie mich ansah und in ihrer klugen Art Dinge erklärte, die sie besser verstand als ich und viele andere Menschen auch. Selbst jetzt am Telefon spürte ich fast körperlich ihren schönen klaren Blick, und darüber hinaus noch viel mehr: ein Gefühl, das mir bisher noch kein Mann vermitteln konnte. Es übertrug sich auf mich wie eine geistige Kraft, die in der Lage war, mein Inneres zu lenken. Mein Leben mit Nino hatte sie mit Verständnis und Anteilnahme begleitet. Oft hatte sie mir das Gefühl gegeben, dass sie mich beneidete, um mein ausgeglichenes, erfülltes Leben an seiner Seite, und bisweilen war es mir vorgekommen, als sei sie ein wenig verliebt in diesen bärtigen Italiener, der mit seinem kraftvollen Körper, seinen hellroten Haaren und seiner blassen, sommersprossigen Haut gar nicht wie ein Italiener aussah. Was aber ahnte sie von meinem Leben, das ich seit meiner Pensionierung führte? Von dem Leben eines Süchtigen, das mich jeden Tag beschämte, weil ich nicht mehr in der Lage war, konzentriert und zielgerichtet zu arbeiten?

Ich hatte ihr einen Moment nur halb zugehört. Jetzt bekam ich gerade noch mit, wie sie von den komplizierten Vorbereitungen ihrer Vortragsreise durch die USA erzählte. Gestern habe die amerikanische Botschaft ihr mitgeteilt, dass es Schwierigkeiten mit der Elektronischen Anreise-Genehmigung gebe. „Die wissen natürlich, dass ich eine Putin-Versteherin bin", sagte sie. „Ich werde denen aber nicht den Gefallen tun aufzugeben. Die Reise wird stattfinden. Wenn nicht jetzt, in dieser aufgeheizten Atmosphäre, dann eben später. Die amerikanischen Universitäten, die mich eingeladen haben, werden nicht lockerlassen."

Als wir uns verabschiedeten, hatten wir wieder einmal vermieden, das Thema anzuschneiden, wann Erika nach Hamburg ziehen würde. Erika liebte Hamburg, und es stand fest, dass sie nach ihrer Pensionierung hier leben würde. Aber die Sache betraf auch mich und hatte einen Haken. Vor ein paar Monaten hatte Erika einmal gesagt: „Was willst du denn allein in dieser großen Wohnung? Ich könnte doch zu dir ziehen und dir ein bisschen helfen." Eigentlich war es selbstverständlich, dass sie hier einzog, denn die Wohnung war unser gemeinsames Eigentum. Aber jedes Mal, wenn ich mir vorstellte, dass Erika bei mir wohnen würde, überkam mich ein Anflug von Panik. Sollte ich dann immer aus dem Haus gehen, wenn ich Lust auf einen Kerl hatte? Eigentlich mochte ich das gar nicht. Wenn die Jungs zu mir kamen, konnte ich mich so inszenieren, dass ich Eindruck machte. Oft hatte ich nichts weiter an als ein offenes Hemd und einen knappen Slip. Oder ich zog eine Lederjacke und Jeans an, dazu Stiefel. Manchmal trug ich einen Anzug, und einige, meist ganz junge, wollten unbedingt, dass ich den Anzug anbehielt, wenn ich sie fickte. Ich selbst hatte es am liebsten, wenn der Sex gleich schon an der Tür losging und das Ausziehen der Kleidung sich über den langen Flur hinzog, bis wir in meinem Schlafzimmer im hinteren Teil der Wohnung zum Eigentlichen kamen. Hin und wieder gab es Jungs, die sich wunderten, wie viel Platz ich hatte: „Wohnst du hier alleine?" Ja, diese Siebenzimmerwohnung mit ihren mehr als zweihundert Quadratmetern war viel zu groß für mich, und sie würde auch für Erika und mich noch groß genug sein.

Ich hatte mich im hinteren Teil eingerichtet. Da bewohnte ich zwei Zimmer rechts und links neben der großen Küche, die schon immer der Mittelpunkt der im ersten Stock gelegenen Altbauwohnung gewesen war, nicht zuletzt wegen des Zugangs zur Terrasse auf der ruhigen Rückseite des Hauses. Von den vorderen Zimmern nutzte ich noch einen Raum als Bibliothek, während alle anderen Zimmer leer standen oder als Abstellräume dienten, in denen große, flache Kisten herumstanden, immer noch in dem Zustand, in dem sie bei meinem Umzug von Berlin nach Hamburg hier abgeliefert worden waren. Dass ich die Gemälde, die in diesen Kisten verborgen waren, hier nicht aufhängen mochte, verwunderte mich selbst noch mehr als die Leute, die zu mir kamen und sahen, dass in der Wohnung eines Kunsthistorikers kein einziges Bild hing.

Immer noch hatte ich das Gefühl, krank zu werden. Ich ging ins Schlafzimmer und legte mich aufs Bett. Als ich den großen Kleiderschrank sah, in dem Erika und ich uns als Kinder oft versteckt hatten, tauchte das Bild eines schwarzgelockten Teufels vor mir auf. Das war ich vor mehr als sechzig Jahren. Mir war aber nicht klar, ob dieser unerträgliche Schreihals und Egoist eine echte Erinnerung war oder ob meine Mutter oder andere Verwandte später von ihm erzählten. Jedenfalls nahm er seiner jüngeren Schwester immer wieder Puppen und andere Spielsachen weg. Einmal soll er in einem Wutanfall sogar auf einer Puppe herumgetrampelt haben, die er Erika zurückgeben sollte.

Erika konnte sich an all das nicht erinnern. Ihr war aber bewusst, dass sie als Kind vor mir Angst hatte. Schuld daran seien vor allem meine stechenden schwarzen Augen gewesen, wie sie gern einmal erzählte.

Unsere Mutter war eine liebe, sanfte Frau. Doch in der Nachkriegszeit entwickelte sie beim Heranschaffen von Lebensmitteln und Heizmaterial eine Energie, die niemand ihr zugetraut hätte. Obwohl sie zwei kleine Kinder hatte, fuhr sie mehrere Male im Monat mit der Bahn in Norddeutschland herum, um bei Bauern Eier und Speckschwarten gegen Schmuck oder andere Sachen zu tauschen, zu „hamstern“ sagte man. Ja, es ging um Schwarten, nicht um Speck, den die Bauern nicht hergaben. Aber Erika und ich konnten uns nicht erinnern, dass wir einmal Hunger gehabt hätten in dieser Zeit, die später alle „die schlechte“ nannten, nicht nur, aber hauptsächlich, weil viele Menschen in der Stadt hungerten. Unsere Mutter war die Heldin dieser Zeit. Aber sie ruinierte ihre Gesundheit, und starb viel zu früh.

Ihr Ehemann hingegen wurde 93 Jahre alt. Bis kurz vor seinem Tod lebte er in dieser großen Wohnung, jahrzehntelang allein, zum Schluss betreut von einem ambulanten Pflegedienst. Er hatte während des Krieges in einem Rüstungsbetrieb gearbeitet und war vom Kriegsdienst freigestellt gewesen. Nach dem Krieg wurde er Professor für Chemie an der Universität Hamburg, und dort galt er als Universitätslehrer mit tadellosem Ruf. Zu Hause aber war er ein Versager, ohne Sinn für die Probleme des Alltags dieser chaotischen Nachkriegswelt. Während seine Frau unterwegs war, um das nackte Leben der Familie zu sichern, saß er im Wohnzimmer, las irgendeine reaktionäre Zeitung, schimpfte auf Briten und Amerikaner.

Erst viel später wurde mir klar, dass er immer noch ein Nazi war. Nie vergaß ich, wie er sich verhielt, als ich 1964 mit meinem Klassenkameraden und Freund Manfred zur Documenta fahren wollte. Kunst interessierte mich damals schon, und Kunst war für mich und Manfred in dieser Zeit nichts anderes als die Kunst der Moderne. In meinem Zimmer hatte ich eine Reproduktion von Picassos „Frau mit Hut“ aufgehängt, diesen Frauenkopf, von dem ich fasziniert war wegen seiner aberwitzigen Formgebung. Als der Professor einmal in mein Zimmer kam und das Bild sah, geriet er in Wut: „HAST DU SCHON EINMAL EINE FRAU GESEHEN, DIE SO AUSSIEHT? ICH NICHT! DAS IST DOCH GEGEN ALLE NATUR! ENTARTETE KUNST IST DAS! DU FÄHRST MIR NICHT ZU DIESER DOKUMENTA! DAS HABEN AMERIKANER ORGANISIERT, JUDEN, DIE UNS FERTIGMACHEN WOLLEN!“ Dass er mir schließlich doch das Geld gab, das ich brauchte, um nach Kassel zu fahren, stellte den Familienfrieden wieder her. „Versöhnte uns wieder“ kann ich nicht sagen, das wäre völlig daneben. Meine Mutter hatte es geregelt. Wie immer. Vor allem auch als Erika heranwuchs und bald nicht mehr glaubte, was der Professor predigte. Eines Tages kam er ihr im Treppenhaus entgegen. Als er sah, dass sie sich die Lippen knallrot angemalt hatte, schrie er sie an: „WIE SIEHST DU DENN AUS!? MACH DAS SOFORT AB!“ Dann verschmierte er mit der Faust brutal die Schminke auf ihrem Gesicht. Sie rannte in ihr Zimmer und heulte. Später ging unsere Mutter zu ihr, beruhigte sie und erlaubte ihr die Benutzung des Lippenstifts, zeigte ihr allerdings, wie man die Lippen weniger auffällig schminken konnte.

Das alles ging mir durch den Kopf, als ich im Schlafzimmer auf meinem Bett lag. Für mich war es nicht ohne Bedeutung, dass ich genau an dieser Stelle, im ehemaligen Schlafzimmer des Professors, schon oft einen Kerl gefickt hatte. Das war die Rache dafür, dass er 1983, dem Jahr meines unfreiwilligen Coming-outs und dem Jahr, in dem sich mein Leben radikal änderte, jeden Kontakt mit seinem entarteten Sprössling abgebrochen hatte.

Es ging mir immer noch nicht gut. Aber was nützte es, hier liegen zu bleiben? Es wäre besser, an die frische Luft zu gehen, um meinen Schädel wieder freizubekommen, dachte ich. Also stand ich auf, duschte, zog mich an und verließ die Wohnung.

Und wieder staunte ich über das viele Grün in meiner Straße und in den nahen Elbparks, wie auch Nino immer wieder über diese grüne Millionenstadt staunte, die so ganz anders war als das steinerne Labyrinth Rom. „Wieviel Grün, wieviel Grün!“, sagte er oft, wenn ich ihn vom Flughafen abholte.

Ja, diese Stadt war angenehm. Sie war sogar großartig, wenn man ihre Geschichte betrachtete. Immer wieder zerstört von Bränden, Krieg, Sturmfluten, Überschwemmungen, hatte sie sich zu einer der reichsten Städte Europas entwickelt. Doch hier begann mein Problem. Das war eine Stadt des Geldes. Für mich, der mit Kunst und Architektur gelebt hatte wie kaum einer, bot die Stadt wenig. Dass die Hamburger ihre Domkirche, einen der größten Sakralbauten Deutschlands, Anfang des 19. Jahrhunderts abgerissen haben, das heißt, auf Abbruch verkauften, sagt viel über das Wesen der Hamburger. Und das Abreißen ging immer weiter. Besonders unter diesem SPD-Bürgermeister, der in bestem Einvernehmen mit dem Großkapital die Stadt regierte.

Auf dem Hochufer über der Elbe streifte ich durch die Elbparks, bis ich auf einer Aussichtsterrasse stand, die wie ein großer Balkon über dem Hafen hing. Unter mir sah ich das Hafenbecken mit dem Köhlbrand, einem Nebenarm der Elbe, über den sich die große, von zwei riesigen Pylonen getragene Brücke spannte. Aber das hier war nicht das freundliche Panorama einer Postkarte. Es war der Blick auf einen vollkommen vernutzten Naturraum. Auf der anderen Seite der Elbe, genau da, wo der Köhlbrand mündete, stand das Klärwerk Köhlbrandhöft mit seinen bizarren, dreißig Meter hohen Faultürmen, und um das Klärwerk herum breitete sich der Containerhafen aus. Ich sah einen Wald von Riesenkränen und endlose Reihen von Containern, an einigen Stellen so übereinander gestapelt, dass sie den grünen Höhenzug in der Ferne verstellten, die Harburger Berge, die einst die Horizontlinie einer weiten Flusslandschaft gebildet hatten. Das einzige, was hier Natur war, war der blaue Himmel, der selbst dem schwarzbraunen Elbwasser an diesem Tag eine ansehnliche Farbe lieh.

Als ich mich umdrehte, lag das blendend weiße Rathaus des Bezirks vor mir. Das große, prachtvolle Gebäude war hervorgegangen aus einem Umbau des alten Bahnhofs, der Ende des 19. Jahrhundert zu klein geworden war. Etwa einen Kilometer weiter nördlich hatte man einen neuen Bahnhof errichtet, eine Kombination aus spanischer Königsburg und nordischer Kathedrale. Diese Pracht verschwand nicht etwa im Bombenhagel, sondern erst viel später, als die Freie Abrissstadt Hamburg es zuließ, dass die Bahn hier einen stilistisch grauenhaften Mix aus Bahnhof und Kaufhaus hochzog.

Das westlich von Bahnhof und Rathaus liegende Stadtviertel, „mein Viertel", wie ich immer sagte, war wie durch ein Wunder im Weltkrieg kaum zerstört worden, und es war auch heute noch ein angenehmer, ansehnlicher, zum Teil erstaunlich schöner Stadtteil, der in den letzten Jahren zu einem der beliebtesten Wohnquartiere Hamburgs geworden war. Ich war gestern Abend auf dem Bahnhof angekommen, danach zu Fuß nach Hause gegangen, was bei der mäßigen Entfernung sogar mit meinem Gepäck noch möglich war. Und als ich an diesem Samstagvormittag durch die Straßen schlenderte und einkaufte, was mir fehlte, stellte ich wieder einmal fest, wie gern ich hier wohnte.

Zu Hause überlegte ich, ob ich nicht doch wieder ins Bett gehen sollte. Immer noch glaubte ich, krank zu werden. Aber nachdem ich etwas getrunken und gegessen hatte, fühlte ich mich besser, und weil der Termin zur Abgabe des Manuskripts heranrückte, nahm ich mir vor zu arbeiten. Ich ging auf die Terrasse und stellte den Laptop auf den Tisch. Eine Weile saß ich einfach nur da und überließ mich der Ruhe auf der Rückseite des Hauses. Ich sah in den Hof hinunter, und sah „den Feger". Ah, da bist du ja wieder!, dachte ich, man kann vier Wochen weg sein, und hier ändert sich nichts! Vor einer der Garagen sah ich einen untersetzten Mann, der den Boden fegte. An sich nichts Besonderes. Aber dieser Mann fegte seit Jahren mehrmals am Tag den Boden vor seiner Garage, was die meisten Bewohner des Hauses immer noch und immer wieder amüsierte. Trotzdem war er allgemein verhasst, weil er seine Nase in alles hineinsteckte, was ihn nichts anging. Er selbst aber hasste hauptsächlich die Blätter, die von den riesigen Pappeln im angrenzenden Park herunterwehten.

Ich fuhr den Laptop hoch. Doch bevor ich die Datei mit dem Manuskript aufrufen konnte, musste ich erst einmal nachsehen, was sich seit gestern auf den rosa Seiten getan hatte. Nachdem ich mich eingeloggt hatte, sagte jemand „ATTENTION!“, dann sah ich den großen Spritzer von innen gegen die Scheibe des Laptops klatschen, und schon war ich angekommen in der wunderbaren Welt von SPLASH!

Zuerst sah ich die Nachricht, die SportyHairyHunky heute Nacht um 02.31 Uhr geschrieben hatte „Will von dir gefickt werden! Wann hast du Zeit?“, stand da.

Obwohl er jetzt nicht online war, beeilte ich mich zu antworten. „Gerne, mein Lieber. Heute hätte ich Zeit. Morgen und Montag aber nicht, ab Dienstag dann wieder, wann immer du willst.“

Als ich mir jetzt seine Fotos noch einmal ansah, wurde mir klar, dass ich alles tun würde, um ihn in mein Bett zu kriegen, diesen geilen Kerl, dessen dunkle Augen sich mir längst eingebrannt hatten.

Unter den Usern, die gerade online waren, entdeckte ich einen, der schon ein paarmal bei mir gewesen war: Andi92.

Ja, das wäre es!, dachte ich. Genau das Richtige für heute Mittag. Mit dem zweiundzwanzigjährigen Andi, der ganz in meiner Nähe wohnte, würde es schnell und unkompliziert zur Sache gehen. Das war sicher.

Und so schrieb ich ihm. „Hey, mein Lieber. Lange nichts von dir gesehen. Wie geht es dir?“

Es dauerte eine Weile, bis etwas zurückkam: „hi suchst du“

„Ja, hast du Lust?“

„ja wann“

„13.00 Uhr?“

„Kann um zwei ok“

„Ja, das ist okay.“

„Weis noch wo das ist sag noch mal dein namen“

Ich musste lachen. Wie oft schon war Andi bei mir gewesen, und doch hatte er vor jedem Treffen nach meinem Nachnamen gefragt, er konnte ihn sich einfach nicht merken. „An der Klingel steht Cassens“, schrieb ich.

„ok“

„Bis dann.“

„bis nachher.“

Als Andi das allererste Mal zu mir kam, riss ein fürchterlicher Sturm die letzten Blätter von den Bäumen. So stand er mit zerzausten Haaren und nasser Kleidung vor meiner Tür. „Was für ein Wetter! Danke, dass du trotzdem gekommen bist“, sagte ich. Er aber brachte kein Wort heraus. Obwohl er im Schatten stand, sah ich am Ausdruck seines Gesichts, wie sehr er sich genierte.

Nachdem ich ihn hereingelassen hatte, fiel sein Blick sofort auf meine Bücher. Im gleichen Moment ärgerte ich mich, dass ich die Tür zur Bibliothek nicht geschlossen hatte. Ich fürchtete, auch dieser hier würde wieder fragen: „Hast du die alle gelesen?“. Andi aber stand nur da und starrte auf die bis zur Decke reichenden Regale, die vollgestopft waren mit all den wissenschaftlichen Werken, die ich seit Jahrzehnten zusammengetragen hatte. Irgendwann brachte er heraus: „Ein paarmal hab ich angefangen, ein Buch zu lesen. Das ist aber nicht mein Ding. Fernsehen ist besser.“

Als er mir beim Kaffee gegenübersaß, sah ich seine traurigen Augen, und seine hilflose Verlegenheit griff mir ans Herz. Wir waren hier zusammengekommen, um Sex zu haben. Jetzt sah ich einen Menschen, der schwer an seinem Leben trug und den ich am liebsten einfach nur in den Arm genommen hätte.

Er aber verabschiedete sich. Und keinen Moment zweifelte ich daran, dass er gegangen war, weil ich nicht sein Typ oder zu alt war.

So war ich ein wenig verblüfft, als er zwei Tage später schrieb: „hi bock“.

Ich musste erst einmal begreifen, dass dies eine Frage war, dann schrieb ich ihm: „Ja, ich habe Bock. Würde mich freuen, wenn du vorbeikommst.“

Eine Stunde später kam er, und der Sex war besser als alles, was ich in den letzten Wochen erlebt hatte.

Wie sonderbar, dachte ich, dieser junge Mann hatte sich einen Anstand bewahrt, der ihm vorschrieb, nicht beim ersten Date mit einem Mann ins Bett zu gehen. Wann hatte ich das in den letzten Jahren schon einmal erlebt?

Eine Woche später lernte ich Andi noch besser kennen. Auch in dieser Situation, Andi und seine Mutter kamen mir auf einem Gehweg hier im Viertel entgegen, zeigte er Formen des Anstands, die andere nicht beherrschten, und ich schon gar nicht. Als die beiden herankamen, geriet ich in leichte Panik, wollte mich möglichst neutral vorbeidrücken, um Andi Erklärungen zu ersparen. Letztlich aber ging es um MICH. MIR war es peinlich. ICH, dieser „reife“ Mann mit vielen Erfahrungen und Erkenntnissen, konnte mit der Situation nicht umgehen.

Andi dagegen freute sich, mich zu sehen. Er kam auf mich zu, gab mir die Hand und stellte mich seiner Mutter vor: „Das ist der Mann, der so viele Bücher hat. Hab ich dir ja erzählt.“

Seine Mutter sagte „angenehm“, während sie mir die Hand gab, freundlich in meine Augen sah und ihren Nachnamen nannte.

Ich sagte auch „angenehm“, aber ohne ihr freundlich in die Augen zu schauen und ohne meinen Namen zu nennen, und dass ich weiter müsse. Noch während ich es sagte, kam ich mir vor wie ein Idiot.

Trotz meiner törichten Verhaltensweisen kam Andi immer wieder zu mir, und allmählich glaubte ich zu wissen, wie er lebte. Nachdem er den Hauptschulabschluss nicht geschafft hatte, war er lange Zeit arbeitslos gewesen. Jetzt arbeitete er im Hamburger Hafen im Schichtdienst, regelmäßig auch nachts. Was er da tat, hatte ich nicht verstanden. Auf jeden Fall musste die Arbeit schwer sein. Und eigentlich war die Arbeit nichts für ihn, denn immer wieder hatte er starke Rückenschmerzen, bisweilen so stark, dass er wochenlang krankgeschrieben war. Daneben hatte Andi noch ganz andere Probleme. Seit drei Jahren war er HIV-positiv. Inzwischen konnte er damit leben, bekam die Medikamente, die er brauchte. Jetzt schien er unter der so genannten Nachweisgrenze zu sein. Lange Zeit hatte er versucht, über das Internet einen Mann zu finden, der auch „positiv“ war. Es gelang ihm aber nicht. Also suchte er bei SPLASH! immer wieder neu, wie all die anderen auch. Er wollte aber ehrlich sein und immer gleich sagen, dass er „positiv“ war, und schreckte die meisten doch nur ab.

An diesem Samstag hatte ich also wieder ein Date mit Andi. Kurz nach 14.00 Uhr kam er. Offensichtlich hatte er Urlaub gehabt. Er war gebräunt und sah erholt aus.

„Wo bist du gewesen?“, fragte ich. „Du siehst ja geil aus!“

„Malle“, sagte er.

Und schon waren wir dabei, uns auszuziehen. Dann fickte ich ihn. Natürlich mit Gummi. Und alles lief mit einer Atemlosigkeit ab, die kaum auszuhalten war, wie meist mit Andi, der immer so wirkte, als sei er völlig ausgehungert.

Als es zu Ende war, wollte ich ihm noch etwas zu trinken holen. Ohne jeden Anflug von Ironie sagte er: „Lass mal. Deswegen bin ich ja nicht hergekommen.“

Dann war er weg. Nicht einmal eine halbe Stunde hatte unser Date gedauert. Mir aber ging es jetzt viel besser. Viel, viel besser. „Sex cures“, dachte ich und musste lachen.

Später telefonierte ich, meldete mich zurück bei Freunden. Mit Alexander verabredete ich mich für den nächsten Mittwoch zum Mittagessen. Zum Schluss rief ich noch Manfred an, mit dem ich schon vor Tagen vereinbart hatte, dass ich ihn morgen in der Klinik in Schleswig-Holstein besuchen würde. Manfred sagte, ich solle am besten um 14.00 Uhr kommen, nach seinem Mittagsschlaf. Das sei für ihn die beste Zeit.

Um 18.00 Uhr ging ich aus dem Haus, um etwas zu essen. Lange sollte es nicht dauern, weil ich endlich mit der Durchsicht des Manuskripts anfangen wollte. Unterwegs freute ich mich schon auf einen Teller Mazza im Yarok, einem syrischen Imbiss in der Nachbarschaft. Dann stand ich vor dem Yarok und sah, dass der Laden geschlossen war. Auf der Schaufensterscheibe waren mit Tapetenkleister mehrere Zettel angeklebt. Der bisherige Inhaber beschuldigte eine mit vollen Namen genannte Immobilienfirma, ihn hereingelegt zu haben. Die bisherige Miete von etwa tausend Euro sei durch einen juristischen Trick auf fast zweitausend hochgetrieben worden, und eine ebenfalls namentlich genannte Anwaltskanzlei habe ihm die Pistole auf die Brust gesetzt, entweder zu zahlen oder auszuziehen. Ja, so war das in diesem Stadtviertel. Demnächst würde auch hier ein weiterer überflüssiger Laden für schicke Damenmode aufmachen.

Inzwischen hatte ich einen Mordshunger. Aber die Paella, die man mir in der beliebten Bodega del Sol vorsetzte, ließ ich halb aufgegessen stehen. Eine Paella zu machen, die nicht schmeckte, sei schon ein Kunststück, dachte ich. Hier würde ich nie wieder hingehen.

Auf der Straße traf ich „den Feger“. Er erzählte mir, dass vor drei Wochen neue Eigentümer in eine der Wohnungen im dritten Stock gezogen seien. „Diese Leute“ hätten beim Einbau eines zweiten Badezimmers neue Rohre legen lassen, wofür sie nicht die Genehmigung der Eigentümerversammlung eingeholt hätten. Er habe schon seinen Anwalt eingeschaltet, und eigentlich müsste ich schon Post des Anwalts haben. Der würde dafür sorgen, dass alles wieder in den ursprünglichen Zustand zurückversetzt werde. Nachdem er sich verabschiedet hatte, erinnerte ich mich, dass dies jener Mann war, der auf den Eigentümerversammlungen oft furchtbar nervte, sich immer wieder über die „vermüllten“ Terrassen und Balkons des Hauses beklagte. „Man schämt sich, dass man hier wohnen muss“, hatte er einmal gesagt. Und jetzt sah ich ihn wieder vor mir, wie er in der Zeit der fallenden Blätter wütend hinter jedem Blatt herjagte, das die Frechheit besaß, vor seinem Garagentor zu landen. Ein wenig amüsiert fragte ich mich, was er wohl über mich und meinen Lebenswandel dachte.

Inzwischen war es halb acht geworden. Obwohl ich spürte, dass ich längst nicht mehr so ruhig war wie heute Nachmittag nach dem Sex mit Andi, hatte ich das Gefühl, den Rest des Abends unbehelligt arbeiten zu können. Ich versuchte in mein Manuskript hineinzufinden und begann mit der Korrektur einer Seite, auf der ich permanent Katacombe geschrieben hatte statt Katakombe, wie es richtig war. Doch nach kurzer Zeit langweilte mich die Arbeit. Sie ödete mich sogar an, und war schon wieder online bei SPLASH!

Ach, stopp, sagte ich mir, es konnte doch nicht sein, dass ich jetzt schon wieder ...! Aber es war tatsächlich so. Ich hatte schon wieder Lust auf einen Kerl, und es war nicht einmal etwas Besonderes, denn in den letzten beiden Jahren hatte ich schon ein paarmal zwei Dates an einem Tag gehabt. Ich konnte oft einfach den Hals nicht vollkriegen. Manchmal verfluchte ich dieses verdammte SPLASH!, das es einem so leicht machte. Leicht war es, weil all die Kerle, die bei SPLASH! Sex suchten, Süchtige waren wie ich, und wie ich waren sie ständig auf der Suche. Kaum einer suchte hier eine Beziehung, fast alle wollten nur das Eine, und das möglichst unkompliziert und schnell. Diese unheimliche, unerklärliche Gier hatte uns alle fest im Griff.

Jeder Samstagabend bei SPLASH! war anders. Doch an diesem Abend ging es hier besonders hektisch zu, wer weiß, warum. Seit 18.00 Uhr hatten mehr als dreißig User mein Profil besucht. Die meisten hatten es nur angeklickt, waren dann aber weitergezogen, wie auch ich es tat, wenn ich sah, dass ein Kerl nichts für mich war. Andere hatten einen Fußtapf hinterlassen, eins dieser kleinen Bildsymbole, die Interesse signalisieren sollten. Und ich hatte zwölf neue Nachrichten, darunter zwei von Italienern, quasi die Time Lags meines dreiwöchigen Romaufenthalts. Mit dem einem hatte ich es schon getrieben, und der wollte wissen, ob ich Lust auf einen Dreier hätte, heute Abend in seiner Wohnung in Roma Trastevere. Ich schrieb ihm, leider sei ich schon wieder „in Germania“, demnächst aber ganz sicher wieder in Rom.

Mit der nächsten Nachricht kam ich der Sache schon näher. Geile-

OrteHH stand in besonders fetten Buchstaben über dem Profil, und die Nachricht war: „Hi Daddy, bist du ein Fotograf? Hast jedenfalls geile Fotos. Lust, mich mal beim Wixxxxen in der Hamburger S-Bahn zu fotografieren? Steh total drauf!" Und nun, da er sah, dass ich sein Profil angeklickt hatte, schickte er ein Foto. Es zeigte einen jungen Kerl, der, von hinten aufgenommen, splitternackt auf einer Autobahnbrücke stand. Sein rechtes Bein hatte er hochgeschwungen und einen Fuß auf das Brückengeländer gesetzt. Ganz schön frech und ganz schön mutig!, dachte ich. Und dann überkam es mich. Wie schön wäre es doch, wieder einmal Sex im Freien zu haben! Ganz egal, wo, und dabei stand mir ein Erlebnis vor Augen, das ich in den neunziger Jahren einmal in Wiesbaden hatte. Ich war von Berlin aus, wo ich damals lebte, in die Stadt gefahren, um im Kunstverein einen Vortrag zu halten. Das war lange vor dem Internet und noch viel länger vor SPLASH! gewesen. In meinem Gay Guide hatte ich gelesen, dass es in der Nähe meines Hotels einen Treffpunkt für Männer gab. Nach Einbruch der Dunkelheit suchte ich diesen und fand ihn schnell. An einer Art Stadtautobahn gab es einen parallel zur Straße verlaufenden Grünstreifen mit großen Büschen vor einer hohen, langgestreckten Mauer, und zwischen Büschen und Mauer fand nach Einbruch der Dunkelheit fast jede Form von Männersex statt. Dabei kamen aus dem gegenüberliegenden Parkplatz immer wieder Fahrzeuge heraus, deren Scheinwerfer die Büsche für einen kurzen Moment in grelles Licht tauchten, und jedes Mal mischte sich in die ohnehin schon auf die Spitze getriebene Erregung die Angst gesehen zu werden. Der dadurch ausgelöste Kick hätte süchtig machen können.

„Hey, Supersexy", schrieb ich dem Kerl, der in der S-Bahn fotografiert werden wollte, „kann mir im Augenblick nicht vorstellen, mit dir in der S-Bahn herumzufahren, um dich zu fotografieren. Falls du aber Lust hast, es einmal irgendwo im Freien geil zu treiben, bin ich dabei, nicht gerade auf einer Autobahnbrücke, aber in einem Wald oder Park. Vielleicht auch im Auto. Und alles, was wir machen, können wir auch fotografieren. Ich habe kein Problem damit. Melde dich."

Während ich schrieb, war ich ins Grübeln geraten über die unterschiedlichen Ticks der Schwulen. Und wie so oft schon fragte ich mich auch jetzt wieder, welche frühkindlichen Erlebnisse und Erfahrungen meinen eigenen Ticks zugrunde lagen, zum Beispiel, dass mich vor allem Jungs mit verschwitzten Achselhöhlen erregten. Ja, der Schweißgeruch, den ich da fand, stimulierte mich weitaus mehr als die Poppers genannte Droge, die sich viele Schwule beim Sex durch die Nase zogen. Noch erregender als Achselhöhlen aber fand ich die Füße junger Männer, und einem Kerl beim Sex die Füße zu lecken, das allein konnte mich schon zum Orgasmus bringen. Ganz sicher war dieser Fetisch für andere vollkommen befremdlich, sogar ekelhaft, für einen Psychoanalytiker aber ein gefundenes Fressen. Und wenn ich mich in eine Therapie begeben würde, stünde ich bald vor einem Panoptikum seltsamer, schräger, widerlicher Dinge, die der Therapeut aus dem Dunkel meines Unbewussten hervorzerren würde. Was aber würde es bringen? Musste ich diese Dinge kennen? War es nicht viel besser, wenn ich meine Ticks hinnahm wie eine unverwechselbare Marke? Allerdings hätte ich gern einmal einen guten Psychoanalytiker konsultiert, um zu erfahren, was es mit Erikas und meinem Verhältnis zu unserem Erzeuger auf sich hatte und inwieweit sich dieses Verhältnis auf unser Leben auswirkte. Dass ich zum Beispiel gegenüber jungen Männern als „Dad" auftrat, stand doch in keinem logischen oder halbwegs nachvollziehbaren Zusammenhang mit der Tatsache, dass ich einen Komplex hatte, der nach dem Mann benannt ist, welcher seinen Vater tötete und seine Mutter heiratete. Und was war mit Erika? Ganz sicher hatte auch sie einen Ödipuskomplex, in genau der gleichen Ausprägung wie ich, was nach der reinen Lehre doch gar nicht möglich war, und oft schon hatte ich mich gefragt, ob Erikas Hass auf ihren Nazivater der Grund sein könnte, warum sie nie eine Beziehung zu einem Mann eingegangen war, warum sie ihre gesamte Energie auf die Wissenschaft gerichtet hatte, in der sie Unglaubliches geleistet hatte. Aber einen Therapeuten brauchte diese Workaholikerin nicht, sie lebte im Frieden mit ihren Komplexen. Und sie lebte gut. Sehr gut sogar. Wahrscheinlich war sie das Musterbeispiel für die Theorie, dass ein Leben gelingen kann, wenn Triebenergie durch harte Arbeit in geistige Energie umgewandelt wird.

Ich war nicht wie sie. Doch ab und zu fragte ich mich, warum mir nicht gelang, was ihr gelang.

Jetzt hatte der Kerl mit dem NN GeileOrteHH geantwortet: „Können uns gern mal im Stadtpark treffen, Daddy. Würde es geil finden, wenn ein paar andere Daddies uns da beim Ficken zugucken."

Die Vorstellung, dass ältere Männer uns zugucken würden, fand ich unangenehm, und schrieb trotzdem: „Das können wir gern machen." Ich wollte diesen geilen Kerl nicht wegen irgendeiner Zimperlichkeit vergraulen. „Kannst du heute Abend? Etwa um zehn, wenn es dunkel wird?"

„Heute geht es leider nicht. Muss mit ner Freundin mal wieder zum Tanzen. Dancing On A Saturday Night. Yeahhhhhh!!!"

„Viel Spaß!", schrieb ich, während ich mir vorstellte, wie er beim Tanzen nach und nach alles auszog, was er anhatte. Ob diese Freundin wusste, was er an anderen geilen Orten in HH tat? „Wie ist es denn morgen?", schrieb ich noch. „Bin tagsüber nicht in HH, könnte um 22.00 Uhr aber im Stadtpark sein."

Sofort kam zurück: „Bist wohl kein Fußballfan. Morgen Abend hängen doch alle vorm Fernseher. Im Stadtpark ist dann garantiert nix los."

Ach ja, dachte ich, ich vergaß es immer wieder, Sonntagabend war doch das Endspiel in Rio! „Sorry. Hatte es ganz vergessen. Vielleicht am Montag?"

„Mal sehen. Lass uns schreiben."

„Ok", schrieb ich noch, und in diesem Moment wusste ich, dass ich diesen Kerl weder am Montag noch an einem der folgenden Tage treffen würde. Die Vorstellung, ihn auf einer Lichtung im Stadtpark zu ficken, hatte mich für ein paar Minuten behext. Jetzt aber wusste ich, auf ein solches Spiel würde ich mich nicht mehr einlassen, ganz anders als damals in Wiesbaden. Inzwischen war ich viel zu festgefahren in meinen Gewohnheiten. Wenn schon Sex, dachte ich, dann in einer Wohnung. Am besten in meiner, wo ich einigermaßen sicher war und die Abläufe steuern konnte.

Doch auf einmal spürte ich, wie kaputt ich immer noch war. Ich konnte jetzt in keine fremde Wohnung mehr gehen oder einen fremden Kerl zu mir einladen. Ich sollte endlich zur Ruhe kommen, dachte ich.

Aber dann schaffte ich es doch nicht, offline zu gehen, obwohl ich mir nicht mehr vorstellen konnte, eine einzige der Nachrichten anzuklicken, die ich seit heute Mittag bekommen hatte. An den Usernamen sah ich, dass ein paar Witzbolde darunter waren: ein Herr_Gaenserich, ein stoepsel und, hahaha, the_muppet_show. Alle anderen zeigten schon mit ihren NNs, von welchen Wünschen, Bedürfnissen, Sehnsüchten, Obsessionen sie getrieben wurden. Yourslave, juicy_like, BareJonnyhh, joseFF_FF erwarteten, dass ich sie anklickte. Ich aber wollte keinen, der sich mir als Sexsklave anbot, keinen, der auf mein Sperma versessen war, keinen Jonny aus Hamburg, der es am liebsten ohne Gummis trieb, keinen Josef, der mit dem zweimaligen FF ausdrückte, dass er auf Fistfucking stand.

Alles nichts für mich, dachte ich. Dann schaltete ich den Mac aus und ging auf die Terrasse. Draußen war es kühl und windig geworden, fast stürmisch. Im Park rauschten die Pappeln so stark, dass alles, was hier sonst zu hören war, verschluckt wurde. Durch die Bäume blitzte eine tief stehende Sonne hindurch, die nicht mehr wärmte. Ich holte einen Pullover, und als ich ihn anzog, dachte ich wieder an Andi, der in seinem Leben nicht viel Glück gehabt hatte und vermutlich auch weiterhin nicht viel Glück haben würde. Vielleicht sollte ich dafür sorgen, dass er in Zukunft ein wenig ruhiger leben konnte, kam es mir in den Sinn. Es durfte allerdings nicht so aussehen, als wolle ich ihn für den Sex, den ich mit ihm hatte und vielleicht noch haben würde, bezahlen wollen. An diesem Abend wusste ich nicht, wie ich das Problem lösen sollte. Aber irgendetwas würde mir einfallen, da war ich mir sicher.

Als es dunkel wurde, ging ich in die Wohnung zurück. Während der Wochen auf Reisen hatte ich kaum Gelegenheit gehabt, Musik zu hören. Jetzt brauchte ich Musik, etwas Witziges mit intelligentem Text. Bald hatte ich die CD, die ich suchte, setzte Kopfhörer auf und war in einer Welt der Heuchler, Erbschleicher und Betrüger, und wieder überwältigte mich, mit welchem Witz und Einfallsreichtum der große Komponist das alles in Musik gesetzt hatte. Als ich nach einer knappen Stunde die Kopfhörer abnahm, hatte sich der sympathische, mit allen Wassern gewaschene Betrüger gerade wieder in die Hölle verabschiedet, wo er nach dem Willen des großen Dichters Dante ein freudloses Dasein fristet.

Bald lag ich im Bett, und hatte noch die Melodie im Ohr, die in dieser schwarzen Komödie den Wendepunkt herbeiführt. „Oh! mio babbino caro“, immer wieder war sie da, diese sich im Sechsachteltakt wiegende Melodie. Der Ohrwurm war auch noch da, als mir einfiel, dass Andi noch nie Dad oder Daddy, geschweige denn Babbino gesagt hatte, obwohl ich bei SPLASH! doch dieser HairyDad4HornyBoys war. Vor einiger Zeit war einmal ein ganz Junger auf meinem Profil gewesen, der in seiner ersten Nachricht schon sagte, was er wollte: „Hi, daddy, hast du lust auf ein role play daddy-sohn?“

Andi wäre zu einer solchen Maskerade nicht fähig gewesen. Er war, was er war. Nichts weiter als ein feiner Kerl.

4.

Manfred

Am Sonntagmorgen überlegte ich noch im Bett, ob ich den Besuch bei Manfred absagen sollte. Ich hatte einfach keine Lust. Doch bald wurde mir klar, dass ich um einen Krankenbesuch bei ihm nicht herumkäme und dass es besser war, ihn noch heute, an seinem letzten Tag in der Klinik, zu besuchen, viel besser als später zu Hause, wo die Misere, in der er lebte, kaum auszuhalten war.

Gegen Mittag holte ich den Golf aus der Garage und machte mich auf den Weg. Während der Fahrt hingen dunkle Wolken über der Autobahn, und bei Ahrensburg geriet ich in so schlechtes Wetter, dass ich wegen des Sprühnebels über der Fahrbahn kaum noch etwas sehen konnte. Doch je weiter ich nach Norden kam, desto heller wurde es. Bald hörte der Regen auf, und gerade in dem Moment, in dem ich das Seeufer erreichte, riss der Himmel auf und alles wurde licht: das Grün des Schilfs, das Weiß der Segel auf der bewegten, glitzernden Wasserfläche und die roten Ziegeldächer der Inselstadt, die wie ein romantischer Traum aus dem See aufstieg.

Auf Google Maps hatte ich gesehen, dass die Rehaklinik, in der Manfred sich von seiner Operation erholte, in einem Waldgebiet auf der gegenüberliegenden Seite des Sees lag. Da ich noch mehr als eine Stunde Zeit hatte, kam ich auf die Idee, das Auto auf einem Parkplatz am Südrand der Stadt abzustellen, und von da aus zu Fuß zur Klinik zu gehen.

Mein Weg begann am Seeufer, wo auf dem leuchtend grünen Rasen eines Parks Kinder herumtobten. Alles, was ich sah, empfand ich als vertraut und nah, und wusste doch, dass ich viele Jahrzehnte nicht hier gewesen war. Im Sommer 1957 war unsere fünfte Klasse am Gymnasium auf große Fahrt gegangen und hatte eine Woche in der Jugendherberge verbracht, die ganz in der Nähe auf einer Landzunge im See lag. Aber die schöne Gebäudegruppe aus den dreißiger Jahren des vorigen Jahrhunderts fand ich nicht mehr. Als ich herankam, sah ich, dass sie abgerissen und abgeräumt worden war. Jetzt erstreckte sich hier eine hässliche Brache mit Erdlöchern und riesigen Sandhaufen. Baucontainer und Baumaschinen standen auf dem Gelände herum., das nun von allen Seiten her einsichtig war, denn den schönen alten Baumbestand hatte man gefällt, den Schilfgürtel des Sees, in den einst geheimnisvolle Pfade wegtauchten, abgemäht.

Was hier geschah, sagte ein großes Schild hoch über dem Bauzaun aus Maschendraht:

RESIDENZ AM SEE.
HIER ENTSTEHEN
48 HOCHWERTIGE EIGENTUMSWOHNUNGEN

Klar, die Welt veränderte sich, und man war daran gewöhnt. Aber das hier war ein kleiner Schock. Ich musste ein paarmal schlucken, dann fühlte ich Wut in mir aufsteigen, Wut auf den Klüngel aus Stadtverwaltung und Kreissparkasse, der vernichtet hatte, was einmal schön gewesen war.

Plötzlich aber zerplatzte so etwas wie eine Blase in meinem Gedächtnis, und ich sah alles wieder vor mir. Ich befand mich in der Eingangshalle der Jugendherberge, wo ein riesiger, brutal aussehender Popanz aufgebaut war, zusammengebastelt aus all den Dingen, die der Herbergsvater seit vielen Jahren in den Räumen der Herberge eingesammelt hatte, immer dann, wenn wieder einmal eine Horde Kinder abgereist war.

DENKMAL
DER VERGESSLICHKEIT UND UNORDNUNG,

Jetzt fiel es mir wieder ein, stand auf dem Sockel der Statue. Und sofort wusste ich auch, warum ich mich so genau erinnerte. Vor dem Denkmal wechselte ich zum ersten Mal ein paar Worte mit einem Klassenkameraden, der mir bis dahin immer aus dem Weg gegangen war, mich kaum einmal angesehen, nie ein Wort mit mir gesprochen hatte. An dem Tag, an dem das geschah, waren wir gerade aus Hamburg angekommen, hatten unsere Sachen im Schlafsaal untergebracht, und trafen hier wie zufällig zusammen. Zuerst standen wir nur da und starrten auf das grässliche zähnefletschende Götzenbild.

Ich überlegte, was ich sagen sollte. Irgendwann brachte ich heraus: „Wie findest du das?“, und war gefasst auf eine kalte und stolze Abfuhr.

Manfred, der damals, genau wie ich, fast elf Jahre alt war, sagte, ohne eine Sekunde zu zögern: „Der sieht aus wie ein Gespenst, das nach außen gestülpt ist."

Auf eine solche Idee wäre ich nie gekommen. Als er es gesagt hatte, fand ich, dass er recht hatte. Klar, unter seinem weißen Bettlaken musste ein Gespenst so aussehen. Wie denn sonst? Später dachte ich, dass er es vielleicht ganz anders gemeint haben könnte. Aber da war die Geschichte schon über das denkwürdige Ereignis unserer ersten Begegnung hinweggegangen.

Auf dem Weg vor der einstigen Jugendherberge wurde ich von einem älteren Herrn angesprochen, der glaubte, ich hätte Interesse an einer Wohnung in der künftigen Residenz am See. Als er hörte, warum ich hier stand, klärte er mich auf. Im Norden der Stadt sei inzwischen eine „hochmoderne, viel schönere Jugendherberge" errichtet worden. „Dieser Nazibau" sei nicht zu sanieren gewesen, sagte er.

„Soso", sagte ich, und dann ließ ich ihn stehen, ohne mich verabschiedet zu haben. Wie hätte ich ihm erklären können, dass die unerschütterliche Gewissheit, mit der er es gesagt hatte, mich kränkte und dass ich schon wieder wütend wurde? Doch am meisten ärgerte ich mich über mich selbst. Vor allem über die Tatsache, dass ich nach wie vor dieser unverbesserliche Nostalgiker war, der seine Vergangenheit nicht in Einklang bringen und versöhnen konnte mit dem, was jetzt war.

Ein wenig später lief ich über den Damm, der die Inselstadt mit dem Festland verbindet, immer vor Augen, wie es hier vor sechzig Jahren ausgesehen hatte. Wohl möglich, dass ich mich nicht so genau erinnerte, aber mir war, als sei der Damm damals noch ganz kahl gewesen. Heute liefen zu beiden Seiten des Wegs zwei Baumreihen, die am Ende des Damms in einen hellen Buchenwald übergingen. Den Wald aber, da war ich mir sicher, hatte es auch vor sechzig Jahren schon gegeben. Während unserer Klassenreise hatten wir den weitläufigen Forst immer wieder durchstreift, einmal sogar während einer Nachtwanderung.

An diesem Sonntagmittag triefte es hier vor Nässe, und jedes Mal wenn der Wind durch die Baumkronen strich, verdichteten sich die Tropfen zu kleinen Regenschauern. Da der Weg, den das Navi angegeben hatte, steil anstieg, musste ich aufpassen, dass ich auf dem aufgeweichten Boden nicht ausrutschte, und dachte doch unentwegt an Manfred.

***

Von Anfang an war klar, dass Manfred, der zeichnen konnte, wie kaum ein anderer, Maler werden wollte, Kunstmaler, wie man damals sagte. Als um das Abitur herum eine Entscheidung fallen musste, kam es zu heftigen Auseinandersetzungen mit seinem Vater. „Hab ich dich aufs Gymnasium geschickt, damit du in der Gosse krepierst wie dieser Wanngock?“ Das war einer der Sätze, die sein Sohn nun zu hören bekam, und Manfred erzählte mir am nächsten Morgen in der Schule alles weiter, fand seinen Vater unmöglich und machte sich darüber lustig, wie dieser den Namen Van Gogh ausgesprochen hatte. Ich war zu feige und, wie immer, viel zu befangen, um Manfred zu sagen, wie ungerecht er war. Wie hätte ich ihm sagen können, dass ich gern einen solchen Vater gehabt hätte? Dieser Mann, der mit dem Einkommen eines Taxifahrers eine fünfköpfige Familie ernährte, faszinierte mich. Er hatte bis Ende April 1945 als Häftling im KZ Neuengamme gelebt und überlebt.

Da an ein teures Kunststudium nicht zu denken war, begann Manfred, der immer wie ein Getriebener wirkte, eine Karriere als Autodidakt, zunächst als Graphiker, dann als Maler. Anfang der siebziger Jahre wandte er sich von seiner figürlichen Malerei ab und entwickelte eine eigenwillige Spielart des Abstrakten Expressionismus. Gleichzeitig begann er mit zähflüssigen Farbgemischen, mit Sand und Teer an riesigen Gemälden zu arbeiten, mit denen er zunächst Erfolg hatte. Doch im Laufe der achtziger Jahre ließ das Interesse an seiner Kunst nach. Inzwischen waren die so genannten Neuen Wilden aufgetreten, die Furore machten mit flott hingepinselten Szenerien, auf denen wieder Figuren zu sehen waren. Die Trendwende auf dem Kunstmarkt war aber nur der vorgeschobene Grund, warum zum Beispiel eine international erfolgreiche Kölner Galerie Manfreds Bilder nicht mehr anbot. Es war seine inzwischen völlig unmögliche, schroffe, ja beleidigende Art, die er glaubte, sich leisten zu können, die aber zu nichts anderem führte, als dass kaum noch jemand etwas mit ihm zu tun haben wollte, zumal auch seine Kunst inzwischen als ebenso schwierig galt wie er selbst. „Kannst du nicht mal was anderes malen als dein Schrabbelzeug?“, hatte seine Frau Lena einmal gesagt.

Inzwischen lebten Lena und er auf einem Dorf in Schleswig-Holstein. Der Erlös für die letzten Gemälde, die er verkauft hatte, war für den Kauf des Hauses verbraucht worden. Nach einiger Zeit hatte er kein Einkommen mehr. Über Wasser gehalten wurde er von Lena, die in der nahen Kreisstadt im Gemeindebüro arbeitete.

Wenn ich ihn jetzt besuchte oder mit ihm telefonierte, sah ich von

Mal zu Mal mit größerem Entsetzen, wie sehr er sich verändert hatte. Das war ein anderer Manfred als jener Manfred, mit dem ich vor fast sechzig Jahren vor dem *Denkmal der Vergesslichkeit und Unordnung* die ersten Worte wechselte. Damals träumte ich davon, diesen Jungen zum Freund zu haben. Kein anderer der Klassenkameraden war wie er, so männlich, so ernst, so stolz, so unnahbar. Und es dauerte lange, bis wir Banknachbarn wurden, bis auch Manfred zeigte, dass ihm etwas an mir lag.

Eines Tages jedoch lagen wir auf einer Wolldecke in Donners Park am Geesthang über der Elbe, waren Freunde und planten unsere Fahrradtour zur 4. Documenta nach Kassel. Ein paar Tage später ging es los. Schon auf der ersten Etappe mussten wir feststellen, dass jede Planung hinfällig wurde. Jedenfalls schafften wir es nicht bis zu nächsten Jugendherberge. So schlugen wir am Abend unser kleines Zelt auf, irgendwo an einem Waldrand. Später lagen wir vor dem Zelt im Gras, redeten, tranken Bier und aßen die Butterbrote, die unsere Mütter uns eingepackt hatten, und zu allem Überfluss gab es auch Musik, die von einem Dorffest herüberwehte. Später krochen wir ins Zelt und schliefen ein. Mitten in der Nacht wachte ich auf. Manfred bewegte sich, und sofort wusste ich, was er machte. Wie unter einem Zwang schob ich meine Hand zu ihm hinüber, und er ließ es zu, dass ich seinen Schwanz anfasste. Gleich danach kam er, und es dauerte nicht lange, bis er eingeschlafen war. Ich aber roch wieder und wieder an meiner nassen Hand, leckte sogar an Manfreds Sperma und wusste nicht, ob das, was ich tat, etwas Schönes oder Schlimmes war. Schlafen konnte ich noch lange nicht. Irgendwann hörte ich, dass draußen ein Mann und eine Frau den Feldweg herunterkamen und heftig stritten. Allmählich verloren sich ihre Stimmen, und ich schlief ein. Am Morgen wagte ich nicht, Manfred anzusehen, konnte meine Verlegenheit aber überspielen, weil es angefangen hatte zu regnen und wir zusehen mussten, unsere Sachen trocken auf die Räder zu bekommen. Später stellte ich fest, dass Manfred kein Problem hatte, mir offen ins Gesicht zu sehen. Während ich den Aufruhr in meinem Inneren kaum bändigen konnte, fragte ich mich, ob er schon vergessen hatte, was in dieser Nacht geschehen war, die ich nie vergaß.

All das geschah in einer Zeit, in der sich langsam klärte, was mich eines Tages erschrecken ließ. Aber das, was mir so spät erst bewusst wurde, war mit der Realität des Alltags in den sechziger Jahren nicht vereinbar. Und so machte ich, was die anderen Jungs auch machten. Irgendwann ging ich mit einem Mädchen. Aber nur einmal, ich war längst Student an der Uni Hamburg, zog sich eine solche Beziehung über einen längeren Zeitraum hin. Das Mädchen, mit dem ich fast ein Dreivierteljahr ging, hieß Thea. Dass die Beziehung so lange hielt, hatte wahrscheinlich auch mit Manfred zu tun, der in seinem Starkdeutsch einmal gesagt hatte, „dieses Prachtweib" solle ich mir „mal warm halten". Wenn ich Thea abends nach Hause brachte, war es wegen der prüden Sitten in ihrem Elternhaus undenkbar, auf ihr Zimmer zu gehen. So standen wir immer in einer dunklen Ecke vor dem Haus, knutschten, küssten uns, und ich bekam immer eine Erektion. Das war aber auch alles. Mehr geschah nicht. Warum ich so zurückhaltend war, wusste ich nicht. Ich spürte nur, dass das, was noch kommen würde, mir unheimlich war.

Eines Tages beschloss ich, Schluss zu machen. Es gab keinen konkreten Anlass, keinen Anstoß von außen, nur ein erbärmliches unklares Gefühl. Tagelang überlegte ich, wie ich mich aus der Affäre ziehen könnte, und glaubte alles hinter mir zu haben, nachdem ich mit Thea ein quälendes Gespräch geführt hatte. Aber ich täuschte mich. Einmal kam ich nach Hause, wollte schon in mein Zimmer gehen, als Erika ihre Zimmertür öffnete, mich seltsam ansah. „Kannst du mal kommen?" Im Zimmer meiner Schwester saß Thea, furchtbar verweint. Sie wollte jetzt genau die Gründe hören, warum ich Schluss gemacht hätte. Weil ich nichts sagte, schrie sie mich an: „WAS HAB ICH DIR GE TAN? SAG ENDLICH, WAS ICH DIR GETAN HABE!" Ich saß bockig da, sagte kein Wort, ging in mein Zimmer, sah meine dumme, lächerliche Gestalt und hasste mich.

***

Kurz vor zwei stand ich in der Eingangshalle der Klinik. Da von Manfred nichts zu sehen war, setzte ich mich in eine der Sitzgruppen, die hier herumstanden, und nach kurzer Zeit war ich eingeschlafen. Als ich erwachte, war ich umringt von einer Schar distanzlos heranrückender, wild durcheinanderredender Frauen in bunten T-Shirts, Leggins und Turnschuhen. Ich wollte schon aufstehen, um mir einen anderen Platz zu suchen, da kam eine junge Frau, die ein Netz mit Bällen trug. Die Frauen sprangen auf und zogen mit ihrer Trainerin ab.

Nach einer Weile stand auch ich auf und betrachtete die Großfotos an den Wänden der Halle. Sie zeigten die Bauarbeiten an diesem riesigen Klinikum, hauptsächlich aber die Einweihungsfeier, auf der sich Politiker des Landes und der Stadt zusammen mit Vertretern der beteiligten Firmen und der Gesundheitsindustrie feiern ließen. Ich war aber nicht bei der Sache, konnte mich kaum konzentrieren. Ein wenig beklommen fragte ich mich, wie es wohl sein würde, dem herz- und krebskranken Manfred zu begegnen, dem man vor drei Wochen in einer schweren, lebensbedrohenden Operation einen Lungenflügel entfernt hatte.

Inzwischen war es 14.30 Uhr geworden war. Ich setzte mich wieder, zog das Handy aus der Tasche, und um ein Haar wäre ich wieder bei SPLASH! gelandet. Was für ein Wahnsinn, dachte ich, gleich würde der kranke Manfred herunterkommen, und ich suchte hier nach Kerlen, mit denen ich Sex haben könnte? Es war nicht zu fassen. Dann sah ich auf SPIEGEL.ONLINE, dass Israel es geschafft hatte, die Fußball-Weltmeisterschaft in den Hintergrund zu drängen. Heute Morgen waren erstmals seit dem Ausbruch der Gewalt zwischen Palästinensern und Israelis israelische Bodentruppen in palästinensisches Gebiet eingedrungen, nachdem schon gestern in einer vorbereitenden Aktion achtzehn Bewohner des Gazastreifens getötet und dreißig schwer verletzt worden waren. Die Bilder vom Vormarsch der israelischen Soldaten waren reine Propagandabilder Israels: junge, wunderschöne Helden Israels im Kampf gegen arabische Untermenschen. Es war kaum zu ertragen.

Um 14.45 Uhr rief ich Manfred an. Als er sich meldete, entschuldigte er sich. Er habe die Zeit verschlafen, er würde sich beeilen. Aber erst kurz nach drei tauchte er aus dem Dunkel im hinteren Teil der Halle auf. Sein Gesicht war schmal, faltig, gelblich-fahl geworden und seine Kleidung hing an ihm herunter.

Nachdem wir uns umarmt hatten, sagte er: „Komm, ich zeig dir mal mein Zimmer." So fuhren wir in den vierten Stock hinauf. Auf dem Balkon seines Zimmers sagte er: „Die Aussicht ist mir egal. Aber weißt du was? Ich möchte hier eigentlich nicht mehr weg. Hier werde ich wenigstens nicht angemeckert, wenn ich mich mal hinlegen will. Na ja, nun holen sie mich morgen, und die ganze Scheiße geht von vorn los. Ich hoffe aber nicht mehr lange." Dass er immer wieder Andeutungen machte, sich umzubringen, erschreckte mich schon lange nicht mehr. Inzwischen hörte ich auch nicht mehr hin, wenn er von seiner

Ehehölle erzählte, von dem zerrütteten Verhältnis zu einer Frau, die selbst mir gegenüber den Hass auf ihren Mann nicht unterdrücken konnte, wenn ich einmal anrief.

„Hast du Lust, einen Kaffee zu trinken?", fragte ich. „Hier gibt es doch bestimmt ein Café."

„Drüben in dem anderen Gebäude. Ziemlich weit weg. Aber meinetwegen, wir können dort hingehen."

Im Aufzug drückte sich ein schmächtiger dunkelhaariger Mann in die Ecke der Kabine, seinem Kittel nach jemand vom Reinigungspersonal. Manfred sah den Mann mit starrem Gesichtsausdruck von oben herab an und sagte mit überdeutlich rollendem R: „Welche Muttersprache sprechen Sie?"

„Ich spreche Deutsch."

„Ich meine Ihre MUTTERSPRACHE, HERRGOTTNOCHMAL! Aus welchem Land kommen Sie denn?"

„Ich komme aus Bulgarien."

Ohne den Mann weiter zu beachten, sagte Manfred: „Siehst du, so ist das hier. Bulgaren, Russen, Ukrainer, Polacken, alles da. Der ganze Ostblock. Manche kannst du verstehen, manche nicht. Es ist zum Kotzen."

Ich spürte, wie Wut in mir aufstieg, sagte aber nichts.

Wir gingen durch lange Flure, an den Wänden in dichter Folge Gemälde, vor allem Bilder von freundlichen Landschaften, Blumen, Menschen mit Kindern oder Tieren, Menschen mit Kindern und Tieren.

Ab und zu blieb Manfred stehen. „Sieh dir das an. Das ist die Kunst, die sich verkaufen lässt. Die haben mit dem Bau hier sämtliche Kitschproduzenten der Region saniert. Und die meisten von denen sind Weiber. Das sieht man doch sofort." Fast noch mit dem gleichen Atemzug begann er ein paar Verse zu zitieren. Sehr laut und mit grässlich leiernder Betonung:

„Niedlich sind wir anzuschauen,
Malerinnen und charmant;
Denn das Naturell der Frauen
Ist so nah mit Kunst verwandt."

Ich hörte sein höhnisches Lachen. „Weißt du, wer das geschrieben hat?"

Ich hatte keine Ahnung, von wem diese grauenhaften Verse stammten. „Na?“

„Goethe, Faust zwei. Schöne Satire auf die kunstbeflissenen Weiber. Der Alte wusste genauso gut wie du und ich, dass die Kunst nichts für die Weiber ist. Denen fehlt einfach das Gen für Malerei. Kein Wunder, dass immer nur Dekoration herauskommt, wenn sie anfangen zu malen.“

„Ach, hör doch auf“, sagte ich.

Er hörte es nicht. „Niedlich und charmant wollen sie sein. Aber als Künstler musst du Wut im Bauch haben, sonst wird das nichts. KUNST IST WUT!“

(Ein paar Tage später suchte ich die Textstelle in Faust II und kam Manfred auf die Schliche: Im Original steht nichts von „Malerinnen“. Da sind es „Gärtnerinnen“.)

Wir fanden Platz an einem Fenster des ganz in Lila und Beige gehaltenen Restaurants. Als die Bedienung kam, bestellte ich Kaffee und ein Stück Kuchen. Manfred wollte Rotwein.

„Erzähl mal, wie es dir geht“, sagte ich.

„Mir geht es gut. Sehr gut sogar!“ Und schnell schob er hinterher: „Ich mache dich darauf aufmerksam, dass ich mich in spätestens zwei Stunden wieder hinlegen muss. So lange wirst du es wohl mit mir aushalten, oder?“ Danach holte er aus der Innentasche seines Sakkos mehrere eng beschriebene Zettel heraus, legte sie auf den Tisch und strich sie glatt. „Ich wollte dir eigentlich schreiben. Da du nun aber da bist, musst du es dir eben anhören.“

Ich wunderte mich wieder einmal über mich selbst. Das alles würde ich mir auch jetzt wieder gefallen lassen. Auf eine unerklärliche, irrationale Weise würde ich mir auch heute wieder gefallen lassen, dass es nicht darum ging, ein Gespräch zu führen oder dergleichen. Was ich vielleicht zu sagen hätte, was ich ihm hätte erzählen können, interessierte ihn nicht. Er war besessen von seiner Liste, auf der er notiert hatte, was er mir berichten wollte, und wenn ich ihn einmal unterbrach, sagte er: „Lass mal, sonst komme ich nicht durch.“

Heute berichtete Manfred ausführlich und weitschweifig, immer wieder unterbrochen von schrecklichen Hustenanfällen, was er vor allem abends und nachts mit den Sprechern und Moderatoren von Deutschlandradio Kultur erlebte. Da hörte er Dinge, die seiner Meinung nach lächerlich, falsch, absurd waren. Er rief dann sofort beim Sender an, manchmal mitten in der Nacht. Oft beschwerte er sich über die falsche Aussprache von Wörtern, wie zum Beispiel vorgestern Abend, da hatte er sich über die falsche Betonung des altgriechischen Begriffs Kátharsis geärgert. Kathársis hatte der Sprecher gesagt.

Irgendwann war Manfred bei seinem nächsten Thema angelangt. Er berichtete, dass er seit seiner Einlieferung in diese Klinik angefangen habe, Malerkollegen anzurufen, die er seit den achtziger Jahren kannte. Das waren vor allem solche, die auf dem Kunstmarkt Erfolg hatten, reich geworden waren, wie mir bald klar war, und ich fragte ich mich, warum Manfred, dieser einst so stolze Mann, sich die Blöße gab, seinen Neid in dieser peinlichen Form heraushängen zu lassen. Kaum auszuhalten war, als er von seinem Telefonat mit Ewald G. erzählte, einem der berühmtesten und teuersten deutschen Maler. (Vor ein paar Wochen war durch die Presse gegangen, dass G.s Gemälde „Out the Window" bei Sotheby's New York für fast vier Millionen Dollar verkauft worden war.) Dieser Mann, mit dem Manfred in den achtziger Jahren gemeinsam ausgestellt hatte und mit dem ihn damals so etwas wie eine Freundschaft verband, bekam nun zu hören, dass er „vor dreißig Jahren ja mal ganz anständig gemalt" habe. Gegenwärtig aber sei er „nur noch ein lächerlicher Epigone" seiner selbst. Sein immer noch anhaltender Erfolg sei allein damit zu erklären, dass er „von einer Mafia jüdischer Galeristen vermarktet" werde. „Für diese ist Kunst nichts anderes als Spekulationsobjekt, wie jeder denkende Mensch weiß. BIG-Sale ist das Ziel und entsprechend der Kundenkreis: Oligarchen des Ostens, Banker, Medienbonzen und schwule Politiker des Westens", hatte Manfred getönt.

Was G. denn zu dieser Beschimpfung gesagt habe, wollte ich wissen. Manfred aber schaute durch mich hindurch, verstand die Frage nicht, reagierte jedenfalls nicht. Um fünf stand er auf, leicht schwankend, nachdem er drei Schoppen Rotwein getrunken hatte. Wir umarmten uns. Dann ging er auf die Glastür des Restaurants zu, wo er sich mit unsicheren Bewegungen umdrehte. Und nun sah er mich noch einmal an. Unter dem Streiflicht eines Downlights traten seine Wangenknochen scharf hervor und seine Augen lagen in tiefschwarzen Höhlen. Doch seine rote Krawatte leuchtete.

Nachdem ich die Rechnung bezahlt hatte, lief ich zum See hinunter. Und bald war ich wieder da angekommen, wo es einmal eine Jugendherberge gegeben hatte. Wieder dachte ich an die beiden elfjährigen Jungs, die hier zum ersten Mal zusammentrafen. Ich dachte an Manfreds junges, intelligentes Gesicht, das ich nicht in Einklang bringen konnte mit dem Gesicht an der Glastür des Restaurants. Und nun konnte es gar nicht anders sein, in diesem Moment musste mir mein eigenes Alter einfallen, das ich so gern verdrängte. Nicht, dass mich die Tatsache in Verzweiflung gestürzt hätte, inzwischen achtundsechzig Jahre alt zu sein. Im Augenblick ging es mir gut. Ich dachte an Daniels Arsch, an den Quickie mit Andi. Aber bald würde ich siebzig sein, und dann würde niemand mehr sagen, das ist doch kein Alter. Bei dem Gedanken durchfuhr mich ein Schreck, als wäre ich bedroht von einer Gefahr, die unaufhaltsam näherkam.

Plötzlich kam Wind auf. Die Schwäne auf dem See, die sonst so leicht dahinsegelten, wurden von Unruhe erfasst, drängten sich um einen, der heftig mit den Flügeln schlug und sich mit wildem, heiserem Geschrei vom Wasser zu erheben suchte. Doch schnell war alles vorbei, und ich fragte mich, was das zu bedeuten hatte.

Eine Zeitlang stand ich noch da, und dachte an mein Leben, das in dieser unbegreiflichen Art aus dem Ruder gelaufen war. Hatte ich nicht den kleinen Umstand übersehen, dass alles einmal zu Ende war? Und wie bald schon! Musste ich mir nicht die Frage stellen, wie ich in Zukunft leben wollte, wie ich leben wollte in dieser kurzen Zeitspanne, die mir noch blieb? Ja, das musste ich, und wusste doch nicht, wie ich es anstellen sollte anders zu leben.

Um mich abzulenken, lief ich durch das Zentrum der Inselstadt. Im Zweiten Weltkrieg hatte es hier keine Zerstörungen gegeben. Nun sah ich, dass in den letzten Jahrzehnten viel abgerissen worden war. Unförmige Neubauten waren entstanden wie das riesige Sparkassengebäude. In Frankfurt am Main wäre dieser langgestreckte Klotz kaum aufgefallen, hier aber, am spätbarocken Marktplatz einer Kleinstadt mit nicht einmal 15.000 Einwohnern, wirkte das Monstrum wie der vollkommene Ausdruck des Stumpfsinns und der Macht des Geldes.

Zwei dreizehn-, vierzehnjährige Jungen auf *einem* Fahrrad flitzten an mir vorbei, die leicht ansteigende Straße hinauf, die zur Nordspitze der Inselstadt führt. Ich folgte ihnen, weil ich doch auch in diese Richtung wollte. Nach einer Weile kamen sie zurück, feixten, drehten auf dem Straßenabschnitt hinter mir eine Runde, dann überholten sie mich wieder, wobei der auf dem Gepäckträger sitzende Junge mich frech angrinste, während er den Körper seines Vordermanns innig umschlungen hielt. Als ich auf den Anger am Fuße des Domhügels kam, konnte ich gerade noch sehen, wie die beiden den steil abfallenden Weg zum See hinuntersausten. Erst nachdem sie verschwunden waren, fiel mir auf, dass sich in dieser Gegend nichts verändert hatte. Der stille Dombezirk mit seinen alten Bäumen und noch viel älteren Backsteinbauten war noch genau so, wie ich ihn über Jahrzehnte hinweg im Gedächtnis behalten hatte. Und alles lag im schönsten Licht des späten Nachmittags da.

Wie es im Inneren des Doms aussah, den Heinrich der Löwe gestiftet hatte, daran konnte ich mich nicht mehr erinnern. Als ich hineinging, kam mir eine Gruppe Touristen entgegen, deren Gelächter und Geschwätz noch eine Weile im Kirchenraum hingen. Dann wurde es still. Ich setzte mich auf einen der Stühle im Mittelschiff dieses schönen, strengen Bauwerks, und fühlte mich wie zu Hause angekommen, verbunden mit dem gewaltigen Strom europäischer Kunst und Architektur, der von Bauten dieser Art seinen Ausgang genommen hatte.

Nach einer Weile spürte ich an der Stirn einen leichten Luftzug, und ehe ich mich versah, saß auf meinen Händen ein winziges Rotkehlchen, das mich aus samtenen schwarzen Augen ansah. Wir schauten uns an, und ich hatte keinen Zweifel, dass etwas Entscheidendes geschah. Nicht dass ich gedacht hätte, Gott hätte mir diesen Vogel geschickt, das wäre zu viel gewesen für einen Menschen, der nie an Gott geglaubt hatte und nie an Gott glauben würde. Aber irgendetwas geschah mit mir. Und irgendetwas befahl mir, meine Hände nicht zu bewegen. So blieb der Vogel sitzen und schaute mich an, während sein Herz unter dem orangeroten Gefieder heftig pochte und meins in meiner Brust noch heftiger pochte. Erst als jemand in die Kirche kam und die schwere Tür ins Schloss fiel, flog der Vogel weg.

Gegen halb neun war ich zu Hause. Ich aß und trank ich etwas, und dabei überlegte ich, was ich während der Übertragung des Endspiels in Rio machen könnte. Später kam ich auf die Idee, Kopfhörer aufzusetzen, Musik zu hören, möglichst laute Musik, die mich gegenüber dem Lärm abschotten würde, der bald durch alle Fenster, Fußböden und Decken dringen würde.

Die dreisätzige Sinfonie begann allerdings ganz leise. Erst war da dieser „Urnebel" im leisen Streichertremolo ... nach einer Weile kam in den Tuben (oder waren es Hörner?) mit beispielloser Langsamkeit, fast tastend, ein düsteres Motiv ... der Grundton D ... nach einer Weile die Terz ... wieder der Grundton ... dann die Quinte ..., und schon wusste ich, ich würde aufhören damit. Denn gerade jetzt war mir klargeworden, was ich an diesem Abend tun musste. Es war etwas, was ich zwei

Jahre lang nicht geschafft hatte, und der Lärm, der dabei entstand, würde nicht stören an diesem Abend des nationalen Ausnahmezustands. Ich nahm die Kopfhörer ab, holte Werkzeug, und als ich anfing, Nägel zu lösen, Schrauben zu ziehen, wunderte ich mich, wie ungeschickt ich inzwischen war. Doch nach einer Weile hatte ich eine der großen flachen Kisten zerlegt, die seit meinem Umzug von Berlin nach Hamburg in den vorderen Zimmern standen. Zum Teil hatte ich sie brachial zerstört, weil ich mir nicht anders zu helfen wusste.

Manfred hatte das große Gemälde, das zwei Jahre in dieser Kiste verborgen gewesen war und das jetzt vor mir an der Wand lehnte, nicht signiert, wie er nie etwas signierte, was seine Werkstatt verließ. Die Welt hatte zu wissen, wer das gemalt hatte, dachte er wohl. Doch in die Ecke rechts unten hatte er geschrieben:

MISHIMA I
DER TEMPELBRAND.

Wer es wollte, konnte sich informieren, dass der Maler sich auf den Roman „Der Tempelbrand" des japanischen Dichters Mishima bezog, der 1970, nach dem Scheitern eines von ihm angeführten Putschs, Seppuku beging, die traditionelle Form des Selbstmords eines Samurai durch Bauchaufschlitzen.

Mishimas Roman erzählt die Geschichte eines jungen buddhistischen Mönchs, der die Schönheit des Goldenen Tempels von Kioto nicht mehr ertragen kann und das fünfhundert Jahre alte Heiligtum in Brand steckt. Doch auf Manfreds Gemälde war davon nichts zu sehen, alles Gegenständliche, Illusionistische war getilgt, alles war Farbe geworden. Es gab ein in vielen Facetten abgestuftes Rot und unregelmäßige Felder weißer Farbe, in Japan die Farbe der Männlichkeit, der Bereitschaft, bis zum Äußersten zu gehen, und die Farbe des Todes. Im unteren Teil der Bildtafel hatte Manfred mit der Lötlampe dicke Schlieren und Klumpen von Teer in den hölzernen Bildgrund gebrannt und dabei in Kauf genommen, dass auch Teile der roten und weißen Flächen im oberen Teil des Bildes verbrannten. Die gesamte Bildoberfläche wirkte schrundig, ja ruinös. Zum Teil war das Holz des Untergrunds geborsten, zersplittert, so als hätte der Maler die dicke Holzplatte mit einem schweren Gegenstand traktiert. „KUNST IST WUT" hatte Manfred heute Nachmittag gesagt. Und hier, in diesem wüsten Exzess aus Farbe, Teer und Ruß, war seine Wut ins Bild gesetzt. Unmittelbar. Überwältigend. Wahr.

Längst war durch die geöffneten Fenster die Anspannung, Unruhe, Erregung all der Menschen eingedrungen, die das Endspiel in Rio verfolgten, immer wieder angestachelt von den Stimmen der Reporter und den wogenden Wellen des Geschreis und der Gesänge in dem Stadion auf der anderen Seite des Erdballs. Kurz vor Mitternacht aber gab es einen Schrei aus Hunderten, Tausenden, vielleicht Millionen Kehlen, und gleich danach wurden Böller und Raketen abgeschossen. Ich loggte mich ein bei SPIEGEL ONLINE und las die Eilmeldung: „Götze schießt deutsche Mannschaft zur Weltmeisterschaft".

Obwohl ich mich nie für Fußball interessiert hatte und nichts davon verstand, freute ich mich. Gleichzeitig dachte ich: Sieh mal an, bist auch nicht frei von Nationalstolz, der billigsten Sorte des Stolzes überhaupt. Trotzdem ging ich auf die Terrasse und fühlte mich im Einklang mit den hupenden Autos, dem Lärm der Böller, den emporschießenden Raketen und den vielen Millionen Menschen, die sich freuten.

Mir war aber bewusst, dass meine Euphorie nicht allein vom Sieg der deutschen Mannschaft genährt war. Ich hatte einen der eigentümlichsten, eigenständigsten und radikalsten Maler des 20. Jahrhunderts wiederentdeckt.

5.

Jan

Warum muss es immer in solchen Momenten klingeln, fragte ich mich, während ich im Bad war. Gerade war ich aufgestanden, und schon stand jemand vor der Haustür, der etwas von mir wollte. Den Schlaf noch im Gesicht ging ich zur Tür und drückte auf den Summer. Da klopfte jemand leise an die Wohnungstür. Ich sah durch den Spion und öffnete. Vor der Tür stand „der Feger", und sofort fiel mir ein, was er über seine Nachbarn im dritten Stock erzählt hatte, über „diese Leute", die ohne Erlaubnis der Eigentümerversammlung neue Rohre legen ließen.

Ich wollte schon sagen, dass ich noch keine Zeit hatte, den Brief des Anwalts zu lesen, da kam er mir zuvor und sagte mit seinem schiefen, verhuschten Lächeln: „Entschuldigen Sie, Herr Professor, wenn ich Sie aus dem Bett geholt habe."

„Macht nichts", sagte ich. Dass ich jetzt nicht auf seinen Namen kam, war mir unangenehm. „Tut mir leid, dass ich noch im Schlafanzug bin. Aber erst einmal guten Morgen."

„Guten Morgen, Herr Professor. Ich dachte, ich muss es Ihnen sagen."

„Was ist denn?"

„Die Tür zu Ihrer Garage steht offen. Die ganze Nacht stand sie offen."

Moment mal, überlegte ich, was war denn gestern Abend, als ich nach Hause kam? War ich nun schon so schusselig, dass ich die selbstverständlichsten Dinge vergaß? Ich wusste, dass ich jetzt ein Lächeln lächelte, das nur die Zähne sehen ließ, sonst aber nichts aussagte. Dieser Mann war mir schon immer auf die Nerven gegangen. Allein der Klang seiner Stimme brachte mich auf die Palme. Kaum zu ertragen war die scheinbare Unterwürfigkeit, hinter der die Überzeugung lauerte, immer Recht zu haben, alles im Griff zu haben, für Ordnung zu sorgen in diesem Haus, in dem nur die schusseligsten, unordentlichsten, unsaubersten, rücksichtslosesten Leute lebten. Dabei hatte er hier keine anderen Rechte als ich oder sonst einer. Kein Wunder, dass mir in diesem Augenblick einfiel, was jemand einmal über Helmut Schmidt gesagt hatte: mit seinen Sekundärtugenden hätte er auch ein KZ leiten können. Das war idiotisch, aber auf Herrn Kerber traf es zu. Seltsam, dass mir gerade jetzt sein Name eingefallen war, der mir irgendwie zu passen schien.

Ich öffnete den Mund, um ihm zu sagen, dass ihn alle in diesem Haus wegen seiner kapohaften Art hassten, sagte unwillkürlich aber etwas ganz anderes: „Danke, Herr Kerber, sehr nett von Ihnen. Ich werde mich nachher darum kümmern. Vielen Dank. Und lassen Sie mal den Professor weg." Das war wieder einmal ich, dieser freundliche Herr Cassens, der seine dunklen Seiten meist hinter tadellosen Umgangsformen versteckte.

Ich schloss die Tür. Was für ein Licht!, dachte ich. Durch die Fenster an der Straßenseite fiel ein Licht herein, wie ich es hier lange nicht erlebt hatte. Es war fast wie in Rom. Vollkommen verrückt war die Spiegelung des Lichts auf dem Dielenboden des langen Flurs, und dieses Licht verteilte sich auch an den Wänden und Decken im westlichen Teil der weitläufigen und verwinkelten Wohnung.

Ich lief durch alle Zimmer, um Fenster aufzureißen, Luft hineinzulassen, Durchzug zu machen. Doch als ich in das Zimmer gehen wollte, in dem ich gestern Abend Manfreds Mishima I aus der Kiste befreit hatte, zögerte ich. Erst später am Tag wurde mir klar, warum ich das Zimmer nicht betreten konnte. Ich fürchtete, der starke Eindruck von gestern würde sich nicht wiederholen. Vor allem nicht in dieser grellen Beleuchtung. Zudem quälte mich, was ich gestern mit Manfred erlebt hatte, und mir fiel ein, dass Lena ihn heute von der Klinik abholen und nach Hause bringen wollte, wo beide sich weiter in ihrem Hass zerfleischen würden und wo Manfred vielleicht bald wahrmachte, was er gestern angedeutet hatte.

Niemals zuvor war ich auf die Idee gekommen, Manfreds Namen im Internet zu suchen. Jetzt, da ich mich fragte, was von ihm bleiben würde, musste ich zur Kenntnis nehmen, dass es außer einem mageren und fehlerhaften Wikipedia-Eintrag nichts gab, was sich auf einen Manfred Karow bezog. Dieser große Maler war der Welt abhandengekommen, das wurde mir auf einmal in all seiner grausamen Tragweite klar, und sofort regte sich mein schlechtes Gewissen. Hätte ich nicht längst etwas für ihn tun müssen? Ja, das hätte ich, sagte ich mir. Jetzt erinnerte ich mich, dass ich vor langer Zeit einmal einen Vorstoß unternommen hatte. Einem auf abstrakte Kunst spezialisierten Düsseldorfer Galeristen hatte ich von Manfred erzählt, vor allem von der Mishima-Serie, und es sah so aus, als könne er sich entschließen, die Bilder auszustellen. Kurze Zeit danach musste die Galerie Insolvenz anmelden, und die Sache verlief im Sande. Jetzt nahm ich mir vor, ein gutes Foto von Mishima I zu machen oder machen zu lassen und eine Verkaufsanzeige im Kunstmagazin art zu schalten. Das Gemälde würde ich nie verkaufen, das war mir klar, ich wollte einfach die Reaktion testen, um dann weiterzusehen.

Da ich schon einmal vor dem Mac saß, hatte ich auch gleich wieder die rosa Seiten vor Augen. Was ich da wollte, war mir nicht klar. Ich hasste mich sogar dafür, dass ich es nicht lassen konnte, vor allem jetzt, da mir einfiel, dass ich heute Abend Jan treffen würde. Aber dann klickte ich doch eine Nachricht an. „Lange nichts von dir gehört. wie geht es dir? mal wieder lust auf ein treffen?“, stand da.

Als ich gesehen hatte, dass der User online war, schrieb ich: „Hey, Mario. Ich war eine Zeitlang weg. Wie geht es dir? Triffst du viele Männer? Und sind sie nett zu dir? Will ich doch hoffen.“

Dieser Mario war der erste und einzige Mann in meinem Leben, dem ich Geld für Sex gegeben hatte. Als er vor einem halben Jahr auf meinem Profil auftauchte, zeigte er nicht, dass er ein so genannter Escort war. Ein paar Stunden vor unserem Date schrieb er allerdings, dass er momentan keine Arbeit und kaum noch Geld habe, ob ich ihm etwas geben könne. Ich antwortete, er solle kommen und ich würde ihm helfen. Er kam, und der Sex mit ihm war perfekt. Bevor er ging, drückte ich ihm zweihundert Euro in die Hand. Das Geld könne er mir bei Gelegenheit wiedergeben, sagte ich. Wochen später sah ich, dass er bei SPLASH! offen als Escort auftrat, mit einem Profil, auf dessen schwarzen Seiten sogar Preise für die einzelnen Dienstleistungen angegeben waren. Wenn er sich jetzt meldete, wimmelte ich ihn mit einer Ausrede ab.

Inzwischen hatte Mario geantwortet: „hallo Ben, schön von dir zu hören, mir gehts nicht so gut, etwas schwierig momentan. schon nicht schön, aber nicht mehr lange hoffe ich."

Was ich las, ärgerte mich. Das hier war wieder die Masche, die mich schon einmal dazu gebracht hatte, ihm Geld für Sex zu geben. Ich überlegte nicht lange und schrieb: „Lass uns mal offen reden. Ich habe überhaupt keine Lust auf Escort-Sex. Wenn ich mal Bock habe, finde ich hier immer noch einen Kerl, der Spaß haben will und nichts anderes. Wenn du momentan knapp bei Kasse bist, kann ich dir gern helfen. Dafür müssen wir keinen Sex haben. Wir können uns treffen und reden. LG Ben."

Es dauerte eine Weile, bis er reagierte: „finde es schade, dass du das so siehst. ich will gar kein geld von dir. wollte dich einfach mal wiedersehen und von dir gefickt werden, das ist alles."

„Tut mir leid", schrieb ich ihm, „suche hier momentan aber keinen Sex."

Nach ein paar Sekunden kam zurück: „UND WARUM STEHT BEI DIR DANN STATUS SEX??????? :(((((((("

Die heftige Reaktion war verständlich, denn erst war ich nicht sehr nett zu ihm gewesen und jetzt, so musste er denken, schwindelte ich ihn auch noch an. Und damit war ich keinen Deut besser als die vielen anderen Lügner, die einem oft den Spaß an SPLASH! verderben konnten. Wie konnte er wissen, dass ich heute Abend Jan treffen würde?

Und jetzt änderte ich meinen Online Status. Von nun an stand da: „Online Status: NIX". An Mario schrieb ich noch: „Online Status geändert, kannst ja sehen."

MarioEscort antwortete nicht mehr.

Gegen 11.00 Uhr ging ich in den Hof hinunter, um nachzusehen, was mit meiner Garage war. Das Tor stand tatsächlich sperrangelweit offen. Aber nichts war gestohlen worden, weder der Golf noch mein Fahrrad, das nicht einmal angeschlossen war. Nachdem das Tor ins Schloss gefallen war, machte ich mich auf den Weg zur S-Bahn. Ich hatte mir vorgenommen, heute noch die Kirchner-Ausstellung am Rathausmarkt zu besuchen, bevor sie in den nächsten Tagen zu Ende ging. Dann stand ich auf dem Gehweg und überlegte, ob ich nicht doch mit dem Auto fahren sollte. Seit heute Morgen waren die Gewitterwolken nicht vom Horizont verschwunden, waren mal hierhin, mal dahin gezogen, bald hatte es hier, bald da gegrummelt, und jetzt hatte sich der Himmel vollständig bezogen. Trotzdem ging ich weiter, weil ich dachte, es würde schon nicht so schlimm werden. Doch bald prasselte der Regen herunter, und als ich den Bahnhof erreichte, war das Gewitter schon in vollem Gange und mein Hemd vollkommen nass.

In der Bahn machte sich mein Handy bemerkbar. Jan hatte geschrieben: „Wie sieht es aus? Treffen wir uns heute Abend?"

„Ja klar. Ist 18.00 ok?", schrieb ich zurück.

„Sechs Uhr ist perfekt."

„Hast du Lust, mit mir essen zu gehen?"

„Klar doch. Aber wir ficken vorher schon noch ne Runde. Oder?"

„Was denn sonst?"

„Gut."

„Bis dann."

„Freu mich."

„Freu mich auch."

Etwa um halb zwölf war ich im Kunstforum am Hamburger Rathausmarkt, und, wie ich es immer machte, wenn ich eine Ausstellung besuchte, zuerst ging ich in die Buchhandlung, um im Ausstellungskatalog zu blättern. Plötzlich sah ich Frau Beck in die Eingangshalle stürmen. Sofort hatte sie mich entdeckt. Sie kam auf mich zu, gab mir die Hand und sagte: „Das ist ja ein Zufall!"

„Sie wissen so gut wie ich, dass es keine Zufälle gibt", sagte ich lachend, während ich mich ehrlich freute, sie zu treffen.

Sie lachte auch. „Ja ja. Ein Mathematiker würde nie sagen: das ist ein Zufall. Aber wir beide sind Gott sei Dank keine Mathematiker, und wir freuen uns über so schöne Begegnungen wie diese. Aber Sie sind ja ordentlich nass!"

„Ach, nicht so schlimm. Es ist ja warm", sagte ich. „Und hier sind wir im Trockenen."

„Ja. Aber wieder mal so ein Hamburger Sommer, der keiner ist."

„Wenn wir uns darüber ärgern, sollten wir hier nicht leben", sagte ich. „Wo immer die Sonne scheint, ist das Leben meist beschissen."

„Da haben Sie recht", sagte sie.

Ich kannte Frau Beck seit dem Sommer des Jahres 2012. Kurz nach meiner Pensionierung hatte mich ein auf Studienreisen spezialisierter Veranstalter engagiert, eine Gruppe von Interessierten drei Tage durch Potsdam zu führen. Der Grund war, dass ich seit 1991 verschiedene Aufsätze zu Kunst und Architektur Potsdams veröffentlicht hatte. Bisher hatte ich es nie geschafft, alles in einem Buch zusammenzufassen, aber als Reiseführer war ich fit, und so kam ich eben zu diesem Auftrag, der letzten Endes meinen guten Ruf ruinierte. Eine der Teilnehmerinnen an der Veranstaltung war Frau Beck, und von Anfang an war klar, dass sie an mir einen Narren gefressen hatte. Auf den Exkursionen, die meist zu Fuß durchgeführt wurden, wich sie kaum einmal von meiner Seite. Dass die anderen bald tuschelten und in ihrer Gegenwart anzügliche, sogar freche Bemerkungen machten, überhörte sie mit heiterem Gleichmut.

Heute trug sie ein leichtes blaugraues Kleid, ihr fast ergrautes Haar hatte sie wie immer hinten eingeschlagen und zusammengesteckt, an diesem Tag noch nachlässiger als sonst, und damit wirkte diese Fünfundfünzigjährige, die ein wenig außer Atem und erhitzt war, jung und schön.

Als wir durch die Ausstellung gingen, wiederholte sich, was ich schon aus Potsdam kannte: sie wich keine Minute von meiner Seite. So betrachteten wir sämtliche Exponate gemeinsam. Bisweilen standen wir schweigend davor, schauten einfach nur hin, ab und zu sprachen wir leise miteinander, und wieder überraschte mich ihr sicheres Urteil, gerade im Hinblick auf die schwächeren druckgraphischen Blätter, die es hier auch gab.

Später saßen wir in einem Restaurant in den Alsterarkaden und waren erstaunt, wie viel wir noch zu reden hatten über all die Dinge, die wir in der Ausstellung gesehen hatten. Vor allem über Ernst Ludwig Kirchners Illustrationen zu Adelbert von Chamissos Roman „Peter Schlemihls wundersame Geschichte". In diesen Blättern hatte sich Kirchner, der während des Ersten Weltkrieges in eine existenzbedrohende Krise geraten war, auf erschreckende Weise mit dem Außenseitertum der Hauptfigur identifiziert, mit diesem Peter Schlemihl, der keinen Schatten wirft und auf der Straße Befremden, ja Abscheu auslöst, weil alle sehen, dass die Sonne durch ihn hindurchscheint. Ich hätte Frau Beck erzählen können, dass es in meinem Leben auch einmal eine Situation gab, in der ich mich fühlte wie Peter Schlemihl auf der Straße. Das war 1983 in München, wo auch ich Abscheu auslöste, wo einmal ein Kollege, mit dem ich vorher eng, fast freundschaftlich zusammengearbeitet hatte, die Straßenseite wechselte, als er mich auf sich zukommen sah. Wie aber hätte ich es ihr erzählen können ohne all das andere auch, das mich damals vollständig aus der Bahn geworfen hatte?

Stattdessen erzählte ich von meinem römischen Reisebuch, das demnächst in meinem Kölner Verlag erscheinen würde.

„Vielleicht nehmen Sie mich einmal mit nach Rom", sage sie. „Habe es oft schon gedacht. Aber vorher werde ich ihr Buch lesen … ", sie stockte, „obwohl ich ja immer noch auf ihr Potsdam-Buch warte. 2012 hatten Sie an der Humboldt-Universität gerade aufgehört, und Sie erzählten mir, Sie seien dran an einer ‚Geschichte der Kunst und Architektur Potsdams'."

„Das wissen Sie noch? Leider hatte ich nicht die Zeit, etwas Vernünftiges zustande zu bringen."

„Ach, kommen Sie! Zeit dürfte doch nicht das Problem sein. Aber so ist es wohl: Triffst du einen Menschen, der keine Zeit hat, ist es ein Rentner."

Obwohl ich den Spruch schon kannte, musste ich lachen. „Aber mal im Ernst. Ich weiß auch nicht, irgendwie war nach der Exkursion von 2012 die Luft raus."

„Sie meinen, weil Sie diese Schwierigkeiten mit den Teilnehmern hatten?"

„Mag sein, dass es damit zusammenhängt. Es gab ja massive Beschwerden über mich, und der Veranstalter hat mich nie wieder engagiert."

„Das wusste ich nicht. Aber ich kann mir denken, wer sich beschwert hat. Ich weiß noch, wie kariert diese Rentnertruppe geguckt hat, als Sie denen am Grab Friedrichs des Großen erzählten, wie der König in seinen letzten Lebensjahren gelebt hat. Dass er in einem wahnsinnigen Dreck lebte. Dass durch die Hunde, die er Tag und

Nacht um sich hatte, alles verdreckt war. Dass er selbst auch vollkommen verdreckt und verlaust war, und all das. Die glaubten Ihnen nicht. 'Eine Zumutung', zischte mir diese Frau zu, als wir vom Grab weggingen. Keine Ahnung mehr, wie sie hieß. Das war die, die immer mit diesem albernen Sonnenschirm herumlief."

„Ja, einige Teilnehmer haben geglaubt, dass ich mit solchen Geschichten linke Propaganda mache, vielleicht um die Hohenzollern herabzusetzen, wie das in der DDR oft geschehen war. Dabei gibt es genug Quellen, die all das belegen können. Da waren diese Deutschnationalen, die das nicht ausgehalten haben. Vor allem der … dieser Düsseldorfer, wie hieß er noch?"

„Weiß auch nicht mehr, wie der hieß, dieser Halbnazi. Einer von den Platzhirschen."

„Platzhirsch ist gut!"

„Wenn Sie denen noch erzählt hätten, dass der Alte Fritz homosexuell war, wären die auf Sie losgegangen."

„Das glaube ich auch", sagte ich lachend.

„Unerträglich für einen Deutschnationalen!", sagte sie. „Wussten Sie eigentlich, dass Friedrichs Bruder Heinrich, dieser große Feldherr, ohne den Friedrichs Siege gar nicht möglich gewesen waren, auch homosexuell war? Der Vater der beiden, der Soldatenkönig, wie er ja immer genannt wird, hatte also zwei homosexuelle Söhne. Sehr lustig. Stellen Sie sich mal vor, Sie hätten das den Nazispießern in der Reisegruppe auch noch erzählt. Sie wären gelyncht worden."

Ich lachte. „Ja, ganz sicher." Dann fragte ich mich, warum sie mir das alles erzählte. Klar, sie studierte inzwischen Geschichte an der Hamburger Uni, nachdem sie an einem Abendgymnasium das Abitur gemacht hatte. Trotzdem fand ich es merkwürdig, dass sie sich so ins Zeug legte. Wollte sie mich aus der Reserve locken? Mir auf den Zahn fühlen, austesten, was ich von meinem schwulen Leben erzählen würde? Warum ich ihr gegenüber nicht aus der Deckung kam, wusste ich nicht. Oft machte es mir doch Spaß, Leute mit meiner Vorliebe für junge Männern zu schockieren, hier aber hatte ich Hemmungen, die ich nicht erklären konnte, und nahm sogar in Kauf, dass sie denken musste, ich sei verklemmt, einer von den vielen alten Schwulen, die die Verachtung der Gesellschaft so verinnerlicht haben, dass sie sich selbst verachten. Wie zum Beispiel mein alter Freund Alexander, der sich nie geoutet hatte.

Nach einer Gesprächspause wechselte ich das Thema. Ich musste ihr etwas erzählen, was ich ursprünglich für mich behalten sollte, weil es vollkommen geschmacklos war. Nun glaubte ich, sie habe ein Recht zu erfahren, dass ich in der Zeit nach Potsdam immer noch E-Mails mit Fotos bekam, auf denen sie und ich zu sehen waren, meist von hinten, das heißt, aus den Hinterhalt, aufgenommen. Sämtliche Fotos waren versehen mit witzig gemeinten, letztlich aber gehässigen Kommentaren. Unter einem Foto, das uns beide auf einem gewundenen Weg im Park von Sanssouci zeigte, stand: *Liebe geht seltsame Wege. Oder: Huschhusch ins Gebüsch.* Zum ersten Mal, seitdem ich sie kannte, hörte ich sie schallend lachen. Dann sagte sie: „Sie sehen, was das für Menschen sind. Aber so sind die Menschen. Vor allem, wenn sie in Pulks verreisen. Da fühlen sie sich stark und werden gemein."

Später fragte sie: „Wie sind Sie hergekommen? Ich habe Glück gehabt und einen Parkplatz gefunden. Kann ich Sie mitnehmen? Ich fahre ohnehin über Altona zurück."

Ich hatte nichts dagegen, dass sie mich mitnahm. Als sie vor dem Haus hielt, um mich abzusetzen, fragte ich sie, ob sie in der nächsten Zeit Lust hätte, sich in meiner Wohnung ein Gemälde anzusehen. Es würde mich interessieren, was sie davon hielte. Heute sei es ein wenig spät, nachher käme noch Besuch.

„Bis Mitte nächster Woche bin ich in Leipzig", sagte sie. „Meine Tochter heiratet. Ich melde mich, sobald ich wieder da bin."

„Oh, meinen Glückwunsch!", sagte ich noch. Dann verabschiedete ich mich.

Am späten Nachmittag duschte ich, zog frische Sachen an. Jeans, ein Hemd. Nichts weiter, auch keine Socken. Nachdem ich aus der Dusche gekommen war, hatte ich eine CD aufgelegt. Ich hörte das überschäumende Hauptthema des ganzen Orchesters, hörte, wie Flöte, Violine, Cembalo witzig und frech dazwischenfuhren, bis das Cembalo allein das Wort ergriff und von unvorstellbaren Ausschweifungen erzählte, alles gespielt in einem so aberwitzigen Tempo, dass die Musik in mich eindrang als hätte ich Koks genommen. Als das Affettuoso begann, der langsame zweite Satz, klingelte es. Ich stellte die Musik ab, und ließ Jan herein.

„Willkommen in Deutschland, Professor", sagte er.

Ich lachte. „Weißt du nicht, dass ich schon länger als eine Woche in Deutschland bin?"

„Trotzdem willkommen. Freu mich jedenfalls, dich zu sehen, Professor."

Der große, schlanke Kerl, der vor mir stand, beugte sich zu mir herunter und küsste mich auf den Mund. Dann sah ich ihm dabei zu, wie er sich auf den Dielenboden setzte und seine Schuhe und Socken auszog. Etwas später saß Jan am Kopfende des langen Küchentischs, ich übers Eck neben ihm. Während wir redeten und Kaffee tranken, hatte er sich in meine Richtung gedreht, und nun lagen seine langen Beine unter meinem Stuhl, was bald dazu führte, dass er immer wieder mit seinen nackten Füßen an meinen nackten Füßen herumspielte. Er tat aber so, als sei alles zufällig und unbeabsichtigt.

Auf dem Tisch lag ein Geschenk für ihn. Es war das Katalogbuch zur Pasolini-Ausstellung im Palazzo delle Esposizioni in Rom. (Jan hatte vor einiger Zeit Pier Paolo Pasolini entdeckt, den er für den größten Querdenker des 20. Jahrhunderts hielt. Und Jan liebte Pasolinis Filme. Von einigen, vor allem von Pasolinis Film über das Matthäus-Evangelium, glaubte er eine völlig neue Ästhetik für das heutige Kino ableiten zu können.) Irgendwann schob ich das kleine Paket zu ihm hin. Er öffnete die dunkelrote Verpackung ohne etwas zu zerreißen. Als er sah, was es war, sagte er: „Du bist süß." Und während das Licht der Abendsonne auf ihn fiel, blätterte er in dem Buch, betrachtete die Fotos und ab und zu kommentierte er etwas.

Der fünfundzwanzigjährige Jan und ich hatten uns vor etwa einem Jahr in Berlin kennengelernt. Er suchte einen älteren, „reifen" Mann, und ich einen jungen (was denn sonst?). Auf den Fotos, die er damals auf seinem Profil bei SPLASH! zeigte, fand ich ihn mit seinem fusseligen Vollbart nicht besonders hübsch. Nun aber waren seine Wangen vom Ansatz der kurzen Haare an rasiert, nur das Kinn lief noch einen kurzen Ziegenbart aus, und dieses jetzt so schmale und klare Gesicht konnte den Ausdruck träumerischer Entrücktheit annehmen und wirkte dann wie das Antlitz eines jungen Heiligen auf einem Altarbild El Grecos, dieses Malers religiöser Ekstase an der Schwelle zum Barockzeitalter. Jans Körper war drahtig, aber überhaupt nicht knochig oder flach wie sonst bei einem Leptosomen, sondern überall schön geformt, vor allem auch an den langen, leicht behaarten Beinen. Ich sah auch jetzt wieder, welch schöne, schmale Füße er hatte, und während er immer noch in dem Ausstellungskatalog blätterte, dachte ich an sein üppiges schwarzes Schamhaar, das ganz sicher nie gestutzt war und das sich noch weit nach hinten zog, dahin, wo er in der Kerbe seines Arschs tiefschwarz behaart war.

Ich wusste wenig über Jans Leben. Ob er Sex mit anderen Männern hatte, wollte ich nicht wissen. Woher er stammte, wer seine Eltern waren, wer sein Studium bezahlte, hatte er mir nie erzählt, nur dass er an der TU in Berlin Architektur studiert hatte, dort sein Diplom gemacht und danach ein Jahr in Vicenza verbracht hatte. Jetzt war er in Hamburg, um an der HamburgMediaSchool am Auswahlverfahren zum Studiengang Film teilzunehmen. Er hatte keine Lust, Architekt zu werden. Das war für ihn, wie er sagte, kein kreativer Beruf. Seine Zukunft sah er im Bereich des Films. Er wollte unbedingt diesen Studiengang, den er mit einem Master abschließen würde.

Jan legte den Katalog auf den Tisch. Dann sah er mich eine Zeitlang an, ohne etwas zu sagen. Ich wusste, was jetzt kommen würde. Gleich würde er aufstehen, sich zu mir herunterbeugen und mit der Zunge über meine Lippen streichen. Und genauso geschah es.

Dann nahm er meine Hand und zog mich in mein Schlafzimmer. Auch das, was jetzt folgte, kannte ich. Erst zogen wir uns gegenseitig aus, und als wir nackt waren, gab er mir einen heftigen Stoß vor die Brust. Ich fiel aufs Bett, und schon war er über mir, drückte mich mit seinen Händen, seinen Armen, seinen langen Beinen, mit seinem ganzen Körper so fest in die Matratze, dass ich unfähig war mich zu bewegen. Als er mich in die Stellung gebracht hatte, die er wollte, spürte ich einen grellen Schmerz. Jan fickte mich. Ohne jede Rücksicht. Und wie immer, wenn wir uns getroffen hatten, tat er es ohne Gummi, blank, bareback. Nie hatten wir daran gezweifelt, dass es so richtig war, dass es so sein musste, und die Tatsache, dass unsere Körper sich dabei so nahe waren, wie niemals sonst, brachte mich in einen Zustand, in dem ich nichts mehr von mir selbst spürte. Ich spürte nur noch Jan, der mit mir jetzt machen konnte, was er wollte. Was ich ihm zurückgab, war nichts weiter als der sprachlose Ausdruck dessen, was ich für ihn empfand. Ohne jede Hemmung zeigte ich ihm, dass er schon längst in alle meine Venen eingedrungen war. Und genau das war die Droge, die Jan brauchte, um selbst in einen Zustand zu geraten, in dem er nicht mehr Jan der träumerische Heilige war. Er war jetzt ein Bündel Energie, und er fickte mit einer brutalen Kraft, die nichts mehr von mir übrigließ, allenfalls noch den Wunsch, dass es kein Ende nehmen möge. Doch irgendwann endete es, musste es enden. Vorher schob er mir noch ein Kissen unter den Arsch und setzte erneut an. Von einem bestimmten Punkt an wusste ich, dass er gleich kommen würde. Sein schweißnasses

Gesicht lag auf meinem Gesicht, sein Speichel floss aus seinem Mund in meinen Mund, und mit dem Ausdruck größter Anspannung, Anstrengung, ja größten Schmerzes spritze Jan sein Sperma in mich hinein. Kurz danach fiel er zur Seite und röchelte sich zurück ins Leben.

Ich war nicht gekommen. Als er begann, mich zum Kommen zu bringen, legte ich meine Hand auf seine. Ich wollte jetzt nicht kommen. Ich hatte Jan gespürt, und ich wollte, dass es noch eine Weile so blieb.

Nach einer Ewigkeit sagte ich: „Lass uns mal was essen gehen."

„Glaubst du, ich kann noch gehen?"

„Frag mich mal!"

Er lachte. „Sorry."

Irgendwann brachte ich die Kraft auf, ins Bad zu gehen und mich unter die Dusche zu stellen. Nach einer Weile kam er zu mir und nahm mich in die Arme. So blieben wir eine Zeitlang stehen und ließen das Wasser an uns herunterlaufen, umarmten und küssten uns. Später saßen wir nackt am Küchentisch, tranken Wasser und sagten nichts.

Der Weg zum Restaurant führte an einer Reihe neuer Geschäfte vorbei. Eins davon gehörte Elke, einer Frau, die im vierten Stock unseres Hauses wohnte. Sie hatte mich schon einige Male zu ihren Festen eingeladen und dabei durchaus den Stolz auf „ihren" Professor zu erkennen gegeben. Elke war eine leicht überspannt aussehende Sechzigjährige, sehr schick mit ihrem extrem kurz geschnittenen grauen Haar und ihrer ausgefallenen, Grau in Grau gehaltenen Kleidung. Sie verkaufte teure Damenmode in einem Laden, in dem vorher zwei Friseurinnen ihren Salon hatten. Diese beiden Friseurmeisterinnen kannte ich gut, und ich wusste, auf welch brutale Weise sie von ihrer Vermieterin, die den Laden verkaufen wollte, auf die Straße gesetzt worden waren. Vorher mussten sie noch aushalten, dass während ihrer Geschäftszeit, also in Anwesenheit ihrer Kunden, ein Makler potenzielle Käufer durch den Laden schleuste, und sie mussten es hinnehmen, dass der reiche Ehemann Elkes eben dieses Geschäft für seine gelangweilte Ehefrau kaufte, die er schon längst für eine viel Jüngere verlassen hatte.

Die Geschichte fiel mir jedes Mal ein, wenn ich Elke traf, und jedes Mal kam sie mir vor wie die Symbolfigur für das, was sich in diesem Stadtteil seit Jahren abspielte. „Miss Gentrifizierung" war das Etikett, das ich ihr längst verpasst hatte. Und wenn ich daran dachte, dass die beiden Friseurinnen sich fast ein Jahr in ihrer Existenz bedroht sahen, bevor sie einen neuen Laden in einem anderen Stadtteil fanden, konnte ich nichts dagegen tun, dass ich Elke ein wenig verachtete, obwohl mir doch klar sein musste, dass auch sie ein Opfer war.

Heute Abend saß Elke vor ihrem Laden auf einer Bank und wartete auf Kunden. Als sie mich sah, stand sie auf, und wir begrüßten uns mit Küsschen rechts und links.

„Das ist Jan“, sagte ich.

Sie gab Jan die Hand. „Hallo, Jan.“

Ich sah in ihr Gesicht und glaubte zu wissen, was sie über eine Gesellschaft dachte, in der alte Männer wie ihr Ehemann oder ich Sex haben konnten, soviel sie wollten, während ihr nichts anderes blieb als dieser Laden hier.

Das italienische Restaurant lag nur wenige Schritte von Elkes Laden entfernt. Ich war schon einige Male mit Jungs hier gewesen, mit denen ich vorher Sex gehabt hatte. Es störte mich nicht, dass die Wirtin oder die Kellner sich ihren Teil dachten. Im Gegenteil, ich fand es in Ordnung, und ein bisschen stolz war ich schon. Jetzt saß ich mit Jan hier. Und Jans Körpersprache war so, dass er zeigen wollte, wie nahe wir uns waren. Immer wieder strich er mit der Hand über meinen haarigen Unterarm, ein paarmal knetete er unter dem Tisch meine Oberschenkel. Jan war eben ein Fan älterer Männer. Dass er in mir einen gefunden hatte, mit dem er sich auch noch gut verstand, machte die Sache noch angenehmer. So dachte ich wenigstens, und ich war mir sicher, dass es so war.

War es ein Wunder, dass ich mich schon bei dem Gedanken ertappt hatte, wie schön es wäre, einen Mann wie Jan ständig neben mir zu haben? Wie schnell aber schlug ich es mir wieder aus dem Kopf. Erstens weil ich vermutete, dass Jan es gar nicht wollte. Und zweitens: Ich hätte mir nicht vorstellen können, einen so jungen Lebensgefährten zu haben. Ich erinnerte mich, wie peinlich ich es fand, als ein ehemaliger Hamburger Bürgermeister sich nach Jahren des Versteckspiels outete und der Öffentlichkeit seinen damals neunzehnjährigen Freund vorstellte. Selbstverständlich hatte ich mich gefragt, warum ich es peinlich fand. Und schnell war mir klargeworden, welch ein Spießer ich doch war. Nun aber gab es Jan. Und ich dachte, dass eine Beziehung mit ihm doch möglich sein müsste. Und sofort erfasste mich eine Art Euphorie. Ich stellte mir vor, welch großes Erlebnis es wäre, mit Jan dorthin zu reisen, wo ich noch nicht war und wo auch Jan noch nicht war. Ich, der sich trotz allem ein brennendes Interesse an der islamischen Welt bewahrt hatte, hatte seit langem eine Einladung aus dem Iran. Jan und ich könnten mit diesem persischen Freund durch den Iran ziehen, die uralten Städte der persischen Großkönige und die islamischen Heiligtümer besuchen. Am Ende unserer Reise würden wir ins Chaos Teherans eintauchen, neue Menschen kennenlernen, und mit einigen würden wir Freundschaft schließen. Welch ein Glück wäre es, das alles mit Jan zu erleben.

Als das Essen kam, wollte Jan wissen, wie es um mein Rombuch stand. Ich erzählte ihm, welche Schwierigkeiten ich mit der Druckfassung des Textes hatte. Er wollte es nicht glauben. Ich solle erst einmal zur Ruhe kommen, dann würde sich alles von selbst ergeben. Er könne gern Korrektur lesen in den nächsten Tagen. Dass er mir das Angebot machte, wunderte mich. Bisher hatten wir uns immer nur zum Ficken getroffen. Niemals war die Rede davon gewesen, dass es noch andere Dinge gab, die wir zusammen hätten tun können. Ich sah, dass er mich offen und frei anblickte, lächelte, als hätte er meine Gedanken erraten. Was wir jetzt hätten sagen können, dafür gab es keine Worte, und so schwiegen wir.

Erst als unsere Teller leer waren, sprachen wir wieder. „Wie war denn die Ausstellung in Rom?", wollte er wissen.

Ich erzählte ihm, wie sehr es mich beeindruckt habe, dass die Ermordung Pasolinis am Strand von Ostia in der Ausstellung von Anfang an und überall gegenwärtig war. „Gleich am Eingang hatten die ein kleines Filmtheater aufgebaut. Auf der Leinwand dieses Minikinos lief in einer Endlosschleife eine Szene aus Rossellinis Film ‚Rom - offene Stadt'. Die berühmte Szene, in der Anna Magnani als Pina mit einem langgezogenen Schrei hinter dem Lastwagen herläuft, in dem ihr Geliebter von SS-Leuten abtransportiert wird. In allen Räumen war der Schrei zu hören, so als wäre er ein Schrei des Entsetzens über Pasolinis grausigen Tod.

Jan lachte.

„Ach, das siehst nur du so. Du hast einfach zu viele sentimentale Opern gesehen. Das sollte bestimmt nur zeigen, dass der Film von Roberto Rossellini für Pasolini eine Art Urerlebnis war. Wegen des neuartigen realistischen Stils, auch wegen der Magnani, die er später in seinem eigenen Film ‚Mamma Roma' einsetzte. Da spielte sie eine römische Vorstadthure, die ihren Sohn verliert."

Ich musste wieder einmal lächeln über Jans Abneigung gegen die

Oper. Ein junger Mann wie er musste einfach so denken. Aber das, was Jan über die Magnani, über Mamma Roma und deren Sohn gesagt hatte, setzte etwas in mir frei, was ich nicht zurückhalten konnte. Da war plötzlich das Bedürfnis, Jan etwas zu erzählen, worüber ich seit Jahrzehnten nicht gesprochen hatte. Ganz gewiss hatte ich es niemals einem Mann erzählt, mit dem ich Sex hatte, außer Nino, der von Anfang an alles wusste. Nino musste ich es erzählen, weil die Wunde, die ich anderen und auch mir selbst zugefügt hatte, 1983 noch ganz frisch gewesen war. Welches der Grund war, es an diesem Juliabend im Jahre 2014 Jan zu erzählen, weiß ich bis heute nicht.

Die Tatsache, dass ich zwei Söhne hatte, überraschte ihn allerdings weniger, als ich erwartet hatte. Als er es hörte, sagte er: „Hab mir schon so etwas gedacht." Vielleicht hätte ich ihm noch mehr erzählt. Doch an unserem Tisch stand jetzt der Kellner und fragte, ob wir ein Dessert wünschten. Jan neigte sich zu mir herüber und flüsterte in mein Ohr: „Lass uns gehen. Bin schon wieder geil."

Zuhause fielen wir beschwipst vom Rotwein aufs Bett, küssten und umarmten uns, rollten herum. Dann wiederholte sich, was wir gemacht hatten, bevor wir zum Essen gegangen waren. Jan fickte mich wieder, noch heftiger und wilder, noch länger als am Abend. Als ich wieder zu mir kam, spürte ich Jans Atem an meinem Nacken, seinen schweißnassen Körper an meinem Rücken und an meinem Arsch. Seine Arme hatte er um mich geschlungen und mich fest an sich gezogen. Bald spürte ich, wie sich seine Umarmung lockerte, und dass er eingeschlafen war. Eine Zeitlang gelang es mir, still liegen zu bleiben, um ihn nicht zu stören. Aber irgendwann musste ich mich bewegen, und er wurde wach.

Sofort drückte er mich wieder an sich und sagte: „Verschwitzt und verklebt wie die Säue."

„Willst du duschen?"

„Brauch ich nicht."

„Ich auch nicht. Werd nie mehr duschen."

Er lachte leise in sich hinein.

Es dauerte nicht lange, bis er wieder eingeschlafen war. Und diesmal gelang es mir, unendlich lange liegen zu bleiben, ohne mich zu bewegen. Auf einmal aber löste er sich von mir und stand auf. Ich setzte mich auf die Bettkante und sah zu, wie er sich anzog. Mir lag auf der Zunge: „Bleib doch hier heute Nacht." Aber ich sagte es nicht, und während Jan in die Küche ging, um den Ausstellungskatalog zu holen, blieb ich auf der Bettkante sitzen und wunderte mich, warum ich nicht sagen konnte, was doch so nahelag. Erst als er an der Wohnungstür auf dem Dielenboden saß, um seine Schuhe anzuziehen, ging ich zu ihm. Ich sah, wie er seine Sneaker verschnürte, und hatte das Gefühl, dass es zu spät war für das, was zu sagen war. Hätte ich es sagen können, wäre der Kontakt mit SportyHairyHunky vielleicht nur eine Fußnote in meiner Lebensgeschichte geblieben.

Bevor Jan ging, strich er mit der Zunge noch einmal ganz zart über meine Lippen und dann sagte er: „Weißt du was? Vielleicht wirst du mich für bekloppt halten …" (er hatte wirklich „bekloppt" gesagt) „ … seitdem ich weiß, du bist ein echter Dad, mag ich dich noch lieber." Ohne eine Reaktion abzuwarten, öffnete er die Tür zum Treppenhaus und ging schnell die Treppe hinunter.

Später saß ich in der Küche auf dem Stuhl, auf dem Jan gestern Abend gesessen hatte. Bilder der vergangenen Nacht stiegen in mir auf. Schwer zu steuern, nicht zu beherrschen, und plötzlich war ich wieder eins mit Jan, den ich immer noch an mir und in mir spürte. Und wieder dachte ich daran, wie wenig wir beide voneinander wussten. Welche Lust hatte ich jetzt zu erfahren, woher er kam, welches die Geschichten seiner Familie, seiner Kindheit und Jugend waren. Wie sein Verhältnis zu seinem Vater war, ja, das vor allem, und wie es war, als er anfing zu spüren, dass er auf „reife" Männer stand. Ich war mir sicher, er würde mir alles erzählen, wenn ich ihn fragte. Und eines Tages würde ich auch begreifen, warum er einen „Dad" wie mich beim Sex in dieser brutalen Form beherrschen musste, wie er es tat.

Ich sah in die Morgendämmerung hinaus und dachte an Jan, der jetzt auf seinem Fahrrad durch die schlafende Stadt fuhr. Ahnte er, wie sehr ich litt, dass ich nicht gesagt hatte: „Bleib doch hier heute Nacht"?

6.

Karim

Als ich am Dienstagmorgen in die Küche kam, sah ich das rote Geschenkpapier, das ich vor zwei Wochen in einem Laden in der römischen Via Sistina für Jan gekauft hatte. Sorgfältig zusammengefaltet lag es auf dem Tisch, und auf einmal fiel mir ein, was Jan vor ein paar Monaten über SPLASH! gesagt hatte. Das sei Idiotenkram, sein Profil würde er löschen. Bisher hatte ich immer geglaubt, ich würde nie schaffen, was er geschafft hatte. Doch als mir jetzt wieder vor Augen stand, wie er den Pasolini-Band beiseitelegte, wie er aufstand, mich ansah und mit der Zunge sanft über meine Lippen strich, wusste ich, dass die Zeit gekommen war, mich bei SPLASH! abzumelden.

Ich ging ins Arbeitszimmer, und nachdem ich mich eingeloggt hatte, starrte ich auf die vielen Nachrichten, die ich noch nicht beantwortet hatte, und hatte keine Ahnung, was ich jetzt damit anfangen sollte.

Dann sah ich die Nachricht von SportyHairyHunky. Ich musste den Verlauf unseres Chats aufrufen, um mich an das zu erinnern, was ich ihm am letzten Samstag geschrieben hatte. Er hatte schon gestern reagiert: „Will von dir gefickt werden". Und nun hatte er exakt dasselbe noch einmal geschrieben. Er musste besessen sein von der Vorstellung, dachte ich. Und nun sah ich mir seinen Steckbrief noch einmal an. Am letzten Freitag im ICE hatte er mich amüsiert und gleichzeitig geil gemacht. Jetzt fragte ich mich, ob das hier nicht genau das war, was Jan als Idiotenkram bezeichnete. Wahrscheinlich würde Jan sogar sagen, dass einer, der solch einen Text ins Netz stellte, nicht nur ein Vollidiot, sondern auch ein Zwangsneurotiker war, einer von den vielen Gestörten, die sich auf dieser Datingplattform tummelten.

SportyHairyHunky

Heute schon gekommen?
Entspann dich in meinem Arsch:
ergonomische Befriedigungsmaschine vorhanden :-))))

Stats: 34 Jahre,183 cm, 80 kg
Sprache: Deutsch, Englisch, Ungarisch

Haare: kurz & dunkel
Augen: dunkel
Body: athletisch
Behaarung: Körper überall dunkel behaart, Vollbart dunkel
Schwanz: XL (klar, ich habe einen XL-Schwanz, du solltest aber akzeptieren, dass bei unserem Date mein Schwanz keine Rolle spielt, dein Schwanz ist gefordert, meiner ist nicht im Spiel)

Was ich suche? Einen Mann über 50, der eine Fucking Machine ist!

Worauf ich Lust habe? Ich habe es einfach und direkt: ich möchte nur gefickt werden. Ein schöner dicker Schwanz wäre nicht schlecht. Du kommst zu mir. Ich lieg im Zimmer. Doggystellung. Du kommst herein, fickst mich ab, möglichst heftig und lange, und wenn du gekommen bist, gehst du wieder. So einfach ist das.

Wollte ich das? Hatte ich Lust, in ein Zimmer zu gehen, jemanden in Doggystellung zu ficken und wieder zu gehen? Klar, die Situation hatte etwas Verrücktes, und dieser Kerl war unglaublich, zumindest wenn man seine Fotos sah. Immer noch jung, schlank, behaarter athletischer Körper. Und dann war da dieses Porträtfoto, von dem ich mich lange nicht lösen konnte. Nein, das war kein Foto, das war ein lebendiger, betörender junger Mann mit einem versonnenen, kaum merklichen Lächeln auf den Lippen. Seine dunklen melancholischen Augen verwirrten mich. Sie schienen zu sagen, dass Glück und Schmerz dasselbe waren. Und je länger ich in diese Augen schaute, kam es mir vor, als wahrten sie ein dunkles, schmerzhaftes Geheimnis.

Doch all das konnte ich nicht in Einklang bringen mit dem Steckbrief, den SportyHairyHunky ins Netz gestellt hatte, vor allem nicht mit dieser albernen „ergonomischen Befriedigungsmaschine“. So kam mir der Gedanke, dass die Angaben auf seinem Profil vielleicht nichts anderes waren als Dirty Talk und dass die reale Begegnung mit diesem klug und empfindsam aussehenden Menschen viel mehr bringen würde als einen Fick in Doggystellung.

Und schon war ich dabei, ihm zu schreiben: „Tut mir leid, dass ich erst jetzt antworte. Hast du noch Interesse?“

Obwohl er online war, kam zunächst nichts zurück. Falls er meine Nachricht gelesen hatte, musste er ja noch einmal schauen, wer ich war. Und wahrscheinlich gab es noch andere Kerle, mit denen er Kontakt hatte, vielleicht sogar in diesem Augenblick. Dann kam aber doch eine Antwort: „Na sicher hab ich Lust. Will von dir gefickt werden.“

„Hey, schön, dass du dich meldest. Hast mich mächtig beeindruckt mit deinen Fotos."

„Kannst du lange ficken?"

„Denke schon. Hat sich noch keiner beklagt."

„jeahhhhhh geile Sau"

„Wann hast du Zeit?"

„Heute nicht. Bin noch nicht in Hamburg."

„Auf deinem Profil steht aber doch, dass du in HH-Mitte bist"

„Fliege erst heute Abend nach Hamburg. Hab seit Tagen schon Hamburg eingetragen. Wollte mal schauen, wer sich meldet."

„Ach so. Dann melde dich doch, wenn du Zeit hast."

„Hast du morgen Abend Zeit?"

„Ja. Du kannst zu mir kommen."

„Kannst du zu mir ins Hotel kommen? Das wäre mir lieber. Ich kenne mich nicht aus in der Stadt. Weiß nur, dass ich in St. Pauli bin. Sag dir noch, welches Hotel. Bin wahrscheinlich ab 20.00 h frei."

„Ok, sag Bescheid."

„Alles klar und alles geil. Will deine Sau sein."

„Freu mich auf die Sau!"

„Freu mich auf deinen Schwanz!"

„Der freut sich auch schon."

„Umso besser."

„Bis dann."

„Servus."

Servus? Fast hätte ich ebenfalls Servus geschrieben. Aber dass dieser Mann aus Bayern kam, vielleicht aus München, störte mich ein wenig. Die Stadt hatte ich seit dreißig Jahren nicht mehr betreten. Zwar hatte meine Abneigung gegen München inzwischen an Heftigkeit eingebüßt, doch immer noch spürte ich ein leichtes Unbehagen, wenn ich den Namen hörte. Na ja, dachte ich, man sollte auch einmal vergessen können.

Und während ich noch überlegte, wie ich den Mann mit den dunklen Augen und dem schönen Vollbart dazu bringen könnte, zu mir nach Hause zu kommen, hatte schon ein anderer geschrieben. „Hi dad", stand da. Weiter nichts. Ich klickte sein Profil an und sah einen Steckbrief, der kürzer nicht sein konnte:

arab_love 14.07.2014

19 Jahre, 176 cm, 69 kg
Hamburg-Altona (1 km)
Sprache: Deutsch, Englisch, Arabisch

Headline: feel free to ask me

Das war alles. Sehr sympathisch, wie er darauf bedacht war, nicht zuviel preiszugeben und in der Schwebe zu lassen, was arab_love heißen sollte. Es gab auch kein Foto, nur eine kleine Zeichnung im Stil der Mangas. Vor dem Hintergrund der Palästinerserflagge sah man zwei wütend aussehende Jungs, aus deren Mündern eine riesige Sprechblase herausplatzte: „GET OUT ISRAHELL!“.

Inzwischen hatte er eine weitere Nachricht geschickt. „hi dad. WILLST DU MEIN DAD SEIN???“

Warum die Frage so stark auf mich wirkte, lag sicher nicht nur an den Großbuchstaben. Na ja, das hier war Role Play. Der Junge spielte mit mir in meiner Rolle als HairyDad. Aber in diesem Moment kam es mir vor, als sei es kein Spiel, sondern das echte Leben. Erinnerungen stiegen in mir auf, freudige und bedrückende, alles ganz weit weg, undeutlich, verschwommen, aber eindringlich genug, um mich für einen Moment zu verwirren.

Dann sah ich, dass der Junge schon wieder geschrieben hatte. „bei dir steht ja nur nix, sucht du auch sex mein dad?“

„Das kommt darauf an. Zeigst du mal was von dir?“

„wenn du mehr zeigst zeig ich auch was.“

„Was willst du denn noch sehen? Du siehst doch, wie ich aussehe. Von dir sehe ich aber gar nichts. Schick mir ein Bild, und ich schick dir noch andere Fotos.“

„du erst“

Ich dachte, ich könnte es ja auf einen Versuch ankommen lassen, und schickte ihm ein Foto, das mich mit einem dunklen Nadelstreifenanzug und mit einer gestreiften Krawatte zeigte.

Sofort kam zurück: „oh dad total cool dein geiler anzug macht mich voll an bist voll geiler dad.“

„Danke. Wolltest du mir nicht ein Bild schicken, wenn ich dir noch andere Fotos schicke. Schick mir das Foto! Bitte!“

„hab angst“

„Du brauchst keine Angst zu haben. Wenn du mich kennen würdest, wüsstest du, dass du keine Angst zu haben brauchst.“

„hab trotzdem angst. will dich aber unbedingt treffen. kann jetzt aber nicht muss gleich arbeiten. heute abend komm ich zu dir."

„Ja, wir können uns vielleicht heute Abend treffen. Aber schick vorher ein Foto."

„wann bist du wieder hier heute?"

„Weiß ich noch nicht genau."

„ungefähr"

„Vielleicht um 18.00 Uhr."

„meld mich auf jeden fall."

„Schick aber ein Foto", schrieb ich noch, und dann sah ich, dass er schon offline war.

Gut, ich wusste nicht, wie der Junge aussah. Wozu aber brauchte ich ein Foto? Er war ein junger Araber, der mich neugierig machte, und er war erst neunzehn, das war noch besser. Lange war es her, dass ich ein Date mit einem so jungen Kerl hatte. Mit neunzehn war er vielleicht noch kein Mann, aber längst auch kein Kind mehr, dachte ich. Schade, dass er keine Zeit hatte. Denn allmählich erfasste mich eine Unruhe, die ich zu gut kannte. Vor einer halben Stunde noch war ich bereit gewesen, mein Profil zu löschen. Jetzt war ich in einem Zustand, in dem ich nicht mehr für mich garantieren konnte. Nachrichten hatte ich genug. Ich musste einfach ein paar davon anklicken und dann würde ich schon finden, was ich suchte. Dann sah ich einen Nick, der nicht zu übersehen war. HairyFuKKK stand da, und der Kerl, der sich hinter diesen fetten Buchstaben verbarg, war schon ein paarmal bei mir gewesen.

„hallo Ben," hatte er geschrieben, „sorry dass ich mich nicht mehr gemeldet habe. ich schick dir einen schönen gruss aus dem schönen Harburg (smile), hoffe, es geht dir gut. LG Leo"

Leo lebte auf der gegenüberliegenden Seite der Elbe in Harburg. Für einen waschechten Hamburger war das eine Gegend, die in seinem Kosmos nicht existierte, und da ich ein waschechter war, wäre ich nie auf die Idee gekommen, zu einem Date nach Harburg zu fahren. Leo aber kam gern zu mir, und so hoffte ich, dass dieser gutmütige, liebe Kerl spätestens in einer Stunde bei mir klingeln würde. Doch dann sah ich, dass er seine Headline geändert hatte: „suche zurzeit mehr chat & friends anstatt ein date." Da stand ursprünglich etwas anderes. Ich wusste aber nicht mehr, was.

„Hey Leo, geiler Kerl", schrieb ich ihm. „wollte dich grad fragen, ob du Lust hast herzukommen. Sehe aber, dass du deinen Text geändert hast. Was ist los mir dir? Hast du dir was eingefangen?"

Gleich kam zurück: „hallo ben, warte mal dauert etwas."

„Ja, mach mal. Bin neugierig."

Es dauerte tatsächlich eine ganze Weile, bis er antwortete. „na das ist ne verdammte geschichte. eingefangen mhhhh kann man so sagen. Ich hatte erst beschwerden mit dem darm. dann war das plötzlich ein notfall mit darmblutung. 2 liter verloren und mit notarzt abgeholt worden da ich umgekippt bin. im krankenhaus ne woche hier bei uns. wieder nichts besser geworden und aufgrund des eisenmangels im blut ständig schwindlig usw. dann hatte ich mit mein arzt gesprochen der mich dann zu einem bekannten verwiesen hat der an der uniklinik in eppendorf arbeitet. also nach eppendorf gefahren, untersuchen lassen. dann hatte ich gleich ne eiseninfusion bekommen da mein hb wert gerade bei 8 lag anstatt normal bei 14-16. durch die eiseninfusion ist auch mein puls automatisch wieder runtergegangen. dann wurde erst mal ein analabstrich gemacht. festgestellt dass es clamydien waren, die mein arsch befallen hatten und dadurch dass es monate nicht behandelt wurde und hat sich dadurch immer mehr entzündet. bekomme jetzt seit zwei wochen antibiotikum und die symptome gehen gerade weg. und bei uns hat man einfach gesagt ich hab ne darmentzündung. obwohl die angeblich alles getestet haben"

„Ach, du armer Kerl. Wie blöde das alles! Kannst du die Ärzte bei euch nicht verklagen?"

„Ich will das nicht. hab nicht die kraft mich damit noch länger zu behängen. will nur das alles weg ist. monate die Probleme und lange kein sex gehabt ausser ein bisschen fummeln. bin froh wenn alles weg ist."

„Verstehe. Ich hoffe, du kannst bald wieder."

„Ja, ich will echt mal wieder geil rumsauen mit dir. Hat doch immer gut geklappt mit uns."

„Sehr gut sogar. War immer total geil. Komm bald wieder auf die Füße."

Mir ging durch den Kopf, dass er ja noch Glück hatte, wenn er sich „nur" Clamydien eingefangen hatte bei einem Barebackfick. Da gab es ja noch viel Schlimmeres, dachte ich, während ich ein wenig ungeduldig wurde. Leo aber fand immer noch kein Ende. „würd mit dir gern mal ins laboratory gehn! bist ja ab und zu auch mal in Berlin. Könnten mal zusammen hingehen. Wäre bestimmt geil."

„Nichts für mich, glaub ich", schrieb ich ihm, während ich daran dachte, dass ich in meiner Zeit in Berlin und auch danach nie auf die

Idee gekommen wäre, ins LAB.ORATORY zu gehen. Das war der versauteste Gay-Club Berlins, vielleicht der ganzen Welt. Etwas für junge und hippe Kerle, wie ich dachte. Kein Schwein würde sich für mich interessieren, wenn ich bei meinem Alter überhaupt hineingelassen würde. „Warst du schon mal da?“

„Ja zur naked party. und zur sport party. war immer geil. jetzt aber schon n paar monate her“

„Wie ist es denn da?“

„Am geilsten ist es bei der sport party. alle in geilen sportklamotten. und in den cruisingzonen gibt es sachen wie in der turnhalle. turnmatten böcke. spindschränke aber auch LKWreifen und tarnnetze wie bei der bundeswehr. und da sind immer n haufen kerle die geil rumficken.“

„Bist auch gefickt worden?“

„Ja 4mal dann bin ich gekommen weil ich zu aufgegeilt war“

„Auch blank?“

„2 haben mit gummi gefickt 2 blank. und der eine hat einfach blank in mich rein gerotzt weil ich nicht stopp sagen konnte. War ein ausländer der so geil war. habe ihn einfach machen lassen. Ich hätte gerne weitergemacht aber ich bin gekommen als der in mich reingerotzt hat. dann habe ich die gelegenheit genutzt zu gehen. da drin kannst du in ner stunde n haufen schwänze im arsch haben so viele du willst. aber berlin und bareback is mir doch bisschen zu gefährlich. ne bareback party bei dir wäre geil. ich saftige hure das wäre mein job.“

„Und ich wohl der Besamer vom Dienst?“

„bingo! du tief in mir drin.“

So hätte es noch eine Weile weitergehen können, denn Leo war in dieser Hinsicht hemmungslos. Ich hatte aber keine Lust mehr auf einen solchen Chat. Ich hatte auch keine Lust mehr weiterzusuchen, wen oder was auch immer. Ich verabschiedete mich und loggte mich aus. Dann dauerte es eine Weile, bis mir bewusst wurde, dass ich immer noch vor dem blauschimmernden Bildschirm saß. Ich musste erst einmal verdauen, was Leo geschrieben hatte. Niemals zuvor hatte jemand, mit dem ich bei SPLASH! Kontakt hatte, so zu mir gesprochen. Im Grunde genommen war es starker Tobak und im höchsten Grade inkorrekt. Aber es spiegelte die Realität. Zwar benutzten die meisten Schwulen Kondome. Doch eine Minderheit hatte in dieser Hinsicht eine Sperre, empfand es sogar als Zumutung, was die Meinungsmacher der schwulen Community ihnen nahelegten. Bei SPLASH! äußerte sich das so, dass diejenigen, die es bewusst und in voller Freiheit ohne

Gummi treiben wollten, unter der Rubrik „Safer Sex“ stehen hatten: NIEMALS! Das wirkte immer ein wenig aggressiv. Aber verstehen konnte ich es. Nein, verstehen war das falsche Wort. Es ergriff, packte mich, als würde ich hineingezogen in ein dunkles, gefährliches Mysterium. Seit Jan mich bareback fickte, erfuhr ich ja am eigenen Leib, dass der Sex eine nie erfahrene Tiefe gewann, wenn man das Gummi wegließ und sich dem anderen auf Leben und Tod auslieferte.

Am Nachmittag hatte ich einen Zahnarzttermin, den ich noch vor der Abreise nach Rom in meinen Kalender eingetragen hatte. Ich war zwei Jahre nicht beim Zahnarzt gewesen, jetzt musste es sein. Und Elke hatte mir den Tipp gegeben, zu dieser Zahnärztin zu gehen. Um halb drei Uhr holte ich mein Fahrrad aus der Garage, fuhr die Straße hinunter bis zur Kirche und bog dort nach links ab. Nach wenigen Minuten hatte ich die Stelle erreicht, auf der bis in die späten sechziger Jahre hinein das Gymnasium stand, auf dem Manfred und ich unser Abitur gemacht hatten. Beim Bau der A 7 und der großen Röhren des Elbtunnels war die im Stil der frühen Moderne errichtete Gebäudegruppe des Gymnasiums abgerissen worden, wie viele andere Gebäude dieser Gegend auch. Mitten durch die ehemals geschlossene Bebauung lief jetzt die vielspurige, tief abgesenkte Autobahn. Die wenigen Brücken, die es hier gab, konnten nicht verhindern, dass dieser Teil der Autobahn mir immer vorkam wie ein Riss durch meine Jugend, wie eine offene, eiternde, stinkende Wunde. Vor allem dann, wenn es hier Staus gab und die Abgase endlos langer Reihen von LKW über der Gegend hingen. Unmöglich, sich hier die Atmosphäre von damals in Erinnerung zu rufen, als Manfred und ich unsere Runden auf dem Schulhof drehten und unsere Fahrt zur Documenta planten. Unübersehbar war, dass die Einheit des Viertels zerstört war, dass nach dem Bau der Autobahn zwei Welten entstanden waren, die kaum etwas verband. Das Gymnasium war an anderer Stelle, viel weiter westlich, von einem berühmten dänischen Architekten neu errichtet worden, und es war bekannt, dass es kaum Jugendliche aus meinem Viertel gab, die diese inzwischen als Gymnasium der Reichen verschriene Schule besuchten. Als ich nach dem Termin in einer glamourösen, an amerikanische Verhältnisse erinnernde Zahnarztpraxis wieder auf der Autobahnbrücke stand, empfand ich den Riss noch schmerzlicher als je zuvor. Ich hatte noch im Ohr, was die Zahnärztin über ihre Helferin gesagt hatte, nachdem der jungen Frau eins dieser Zahnarztbestecke auf den Boden gefallen war: „Mit sowas“ (sie hatte tatsächlich „sowas“ gesagt!) „muss man heute arbeiten. Deutsche kriegt man ja nicht mehr. Die hier ist mir letzte Woche wegen dieses blödsinnigen Ramadans schon einmal umgekippt. Lächerlich!“

Ich war zu perplex gewesen, um etwas sagen zu können. Jetzt nahm ich mir vor, dieser Zahnärztin, die wie die Besitzerin eines Kosmetikstudios aussah, eine E-Mail zu schreiben. Vielleicht so: Ich kann verstehen, dass ab und zu etwas auf den Boden fällt. Wie Sie mit Ihrer Mitarbeiterin umgehen, ist allerdings unerträglich. Schicken Sie mir Ihre Rechnung.

Nachdem ich das Fahrrad in die Garage geschoben und das Tor geschlossen hatte, ging ich durch den Hintereingang des Hauses in den Keller. Hier sah ich mich ein wenig um. Überall an den Wänden liefen Rohre. Welche davon neue oder alte waren, konnte ich bei dem schlechten Licht nicht unterscheiden. Jedenfalls deutete nichts auf einen Schaden hin. Nachher würde ich das Schreiben des Anwalts lesen, um zu begreifen, was „diese Leute“ im dritten Stock mit den Rohren angestellt hatten.

Eine halbe Stunde später saß ich auf dem Sofa und begann den Brief zu lesen. Ich begriff aber nichts. Ich kämpfte gegen eine bleierne Müdigkeit, vor der ich schließlich kapitulierte. Dann schlief ich so tief und fest, dass ich nach dem Erwachen nicht mehr wusste, wo ich war.

Plötzlich aber war ich hellwach. Wie konnte ich nur vergessen, dass ich heute noch ein Date hatte, fragte ich mich. Als ich auf die Uhr sah, war ich überzeugt, eine einmalige Chance gehabt zu haben und dass ich sie vertan hatte. Denn schon vor eineinhalb Stunden hatte der arabische Junge geschrieben. „Hi dad bin fertig mit der arbeit bist du da?“

Zu blöd das Ganze, sagte ich mir, schrieb dann aber doch noch etwas: „Hey, mein Lieber. Tut mir leid, dass ich jetzt erst antworte. Ich war auf dem Sofa eingeschlafen. Was machst du?“

Sofort kam zurück: „Ich will zu dir kommen dad warte schon.“

„Schön, dass du noch online bist. Sehe aber immer noch kein Foto von dir.“

„Ich komm zu dir dann siehst du wie ich ausseh“

„Gut. Dann komm. Aber warte noch bis halb acht. Muss noch ein paar Sachen machen, und duschen.“

„ok. wo muss ich denn hin?“

Ich gab ihm Namen und Adresse, sogar meine Handy-Nummer,

für alle Fälle, wie ich dachte.

„ok bin halb 8 da"

Es war aber noch längst nicht halb acht, als es schon klingelte. Ich stand noch unter der Dusche, und nun, da schon wieder geklingelt wurde, hatte ich kaum noch Zeit, mich abzutrocknen. So zog ich einfach nur eine Unterhose an und öffnete. Ich blickte in ein Gesicht mit flinken, interessierten Augen, und erschrak über den leichten Flaum über der Oberlippe. Ich wusste nicht, warum ich erschrak, erst später, als mein Verstand wieder funktionierte, wurde mir klar, dass ich eigentlich hätte stopp sagen müssen. Stattdessen sagte ich, was ich mir vor vielen Jahren einmal eingeprägt hatte, in einer glücklichen Zeit, in der ich noch durch die arabischen Länder reisen konnte: „Assalamu aleikum ua rahmatu' Llahi ua barakatuhu". Ich sagte es, obwohl ich wusste, dass es manchmal nicht gut ankommt, wenn ein Ungläubiger einen Muslim mit dieser Formel grüßt. Der Junge lachte. „WOW! Das kannst du, Dad? Assalamu aleikum." Nun stand er da und lächelte mich an. Die Ohren, dachte ich, was ist mit seinen Ohren? Sie sahen aus wie Teufelsohren, die sich gerade auf eine lustige Art nach oben bewegt hatten. Und jetzt verstand ich: Sein Lächeln war das Lächeln eines jungen Fauns, der eben erst entdeckt hatte, wer er war und wie schön die Welt war. Und der ließ es sich gefallen, dass ich ihn noch an der Tür auf den Mund küsste. Und während wir uns küssten, griff er mir ohne Scheu an die Unterhose. Als wir im Schlafzimmer weitermachten, warf er sich mit dem Rücken aufs Bett und zog in einem großen Schwung die Beine so weit nach hinten, dass er seine Füße gekreuzt unter seinen Kopf schieben konnte. Ich musste lachen, als ich es sah. Er hätte die Füße auch verknoten können, dachte ich, so gelenkig war er.

Er lachte auch. „Das kann nur ich, Dad." Und nun streckte er mir seinen Arsch entgegen. „Komm, fick mich."

Als ich es tat, kam er schon nach kurzer Zeit. Ich machte noch eine Weile weiter, spürte aber, dass es ihm keinen Spaß mehr machte, und hörte auf. Gleich danach pellte er mir das Gummi vom Schwanz, sprang mit einem Satz vom Bett herunter und zog auch mich vom Bett. Er brachte mich dazu, dass ich stehen blieb, während er sich auf den Boden kniete und anfing, meinen Schwanz zu bearbeiten. Es war klar, was er wollte. Aus allernächster Nähe wollte er sehen, wie ich kam. Und ich kam mit einem so überwältigenden Gefühl wie kaum einmal.

„WOW, geil!", rief er aus und lachte. „Was für ne Menge!" Er lachte noch, nachdem er sich mit einem Hechtsprung wieder aufs Bett geworfen hatte. Aber bald wurde es still. Wir lagen einfach nur da, sagten nichts und taten nichts.

Irgendwann hörte ich ihn sagen: „Bist echt ein geiler Dad."

„Und du bist der geilste aller meiner Boys."

„Hast du viele Boys, Dad?"

„Nicht viele. Ein paar. Aber du bist der geilste."

„Gut. Dann bin ich jetzt für immer dein Boy. Und du bist für immer mein Dad", sagte er lachend."

„Ja, das wäre es!", sagte ich, und einen Moment lang tauchte Jans Gesicht vor mir auf. Aber das hier war kein Verrat an ihm. Jan war kein „Boy". Trotzdem war mir ein wenig mulmig zumute, und ich glaubte, es sei besser, das Thema zu wechseln: „Wenn du willst, kannst du duschen."

„Muss nicht sein, Dad."

„Dann lass uns mal was trinken. Kannst eine Cola haben."

„Wasser. Nur Wasser."

Ich ging in die Küche, um eine Flasche Mineralwasser zu holen. Er kam gleich hinterher, ging zum Wasserhahn über der Spüle, ließ Wasser laufen und trank. Ich musste lachen und trank auch Leitungswasser.

Als wir wieder auf dem Bett lagen, kam mir seltsam vor, dass ich nicht wusste, wie der Junge hieß, dessen Wärme und Zuneigung ich spürte. „Wie heißt du eigentlich?"

„Karim", sagte er mit schöner Betonung auf der zweiten Silbe.

Überwältigt von seinem Charme beugte ich mich über ihn, sah ihm in die Augen, und sagte: „Hey, Karim, geiler Kerl. Geht es dir gut, Karim?"

„Mir geht es sehr gut, Dad."

Auf einmal fiel mir die Zeichnung mit den beiden wütenden Jungs ein. „Aber die Zeichnung auf deinem Profil? Diesen wahnsinnigen Speech Balloon ‚ISRAHELL!'? Warum hast du das da reingesetzt? Eigentlich suchst du doch Sex."

„Kannst dir doch denken, was ich damit meine, Dad. Jetzt, wo die Israelis Bomben auf Gaza werfen."

„Ja, das kann ich mir denken. Aber ‚IsraHELL!' - das dürfte ich nicht sagen, ich als Deutscher. Mich nervt aber, dass die Israelis jede Kritik an ihrer Politik als Antisemitismus bezeichnen. Wenn ich deren Politik kritisiere, hat das mit Antisemitismus nichts zu tun. Antisemitismus ist antijüdischer Rassismus. Nichts weiter. Ich bin kein Rassist.

Denke ich jedenfalls."

Leise und traurig sagte er: „Die Israelis sind selbst Rassisten. Die hassen uns Araber wie die Pest. Wie die Nazis die Juden hassen sie uns. Und sie wollen uns ausrotten. Wie die Nazis die Juden wollen sie uns ausrotten."

„Ich weiß nicht, ob sie die Araber ausrotten wollen. Aber das Problem, das in Palästina entstanden ist, ist unlösbar. Wahrscheinlich ist der ganze Schlamassel erst zu Ende, wenn jemand eine Atombombe draufschmeißt."

Jetzt richtete er sich empört auf: „Wie kannst du so etwas sagen!?"

„Ich will damit nicht sagen, dass ich das gut finde. Ganz im Gegenteil. Ich wollte nur ausdrücken, wie schlimm das alles ist. Da gibt es keine Lösung. Eine Lösung gäbe es, wenn alle Vernunft annehmen würden. Da gibt es aber weit und breit keine Vernunft. Nur Hass. Dass die Araber voller Hass sind, kann ich sogar noch verstehen ... Sag mal, was für ein Araber bist du denn?"

„Meine Familie ist aus dem Libanon. Wir sind aber schon lange hier."

„Das glaube ich. Dein Deutsch ist perfekt. Klingst ein bisschen nach Hamburg-Altona."

„Klar. Meine Mutter sagt immer, ich soll Deutsch reden."

„Magst du mir sagen, was du machst?"

„Ich arbeite bei Penny. Muss da Kisten auspacken. Sind ja Ferien."

„Ferien?"

„Ja, sind doch Sommerferien."

„Du gehst zur Schule?"

„Ja. Bin in der Schule da unten an der S-Bahn."

„In welcher Klasse bist du denn?"

„Bin gerade in die elfte gekommen. Vorstufe. Will mein Abitur machen."

Mir stockte der Atem. „Dann bist du aber nicht 19, wie du angegeben hast. Auch nicht 18!"

„Nein, bin ich nicht."

„Du weißt, dass ich jetzt ein Problem habe."

Ich stand auf, blieb eine Weile vor dem Bett stehen, setzte mich aber wieder, ihm den Rücken zugewandt.

Hinter mir sagte er: „Du brauchst keine Angst zu haben. Ich weiß, es war unfair, dir nicht zu sagen, wie alt ich bin. Aber wenn ich es gesagt hätte, hätte ich dich nicht kennengelernt."

Wie recht er hatte, und mir fiel mir ein, dass ich keine besonderen Schwierigkeiten bekommen würde, wenn herauskam, dass ich mit einem Sechzehnjährigen Sex hatte. Hamburger Gerichte waren in diesem Punkt ziemlich liberal. Außerdem hätte ich ja durch den Chat bei SPLASH! beweisen können, dass Karim freiwillig zu mir gekommen war. Aber ich hatte trotzdem ein beklemmendes Gefühl. Ich dachte an seine Familie, die in der Nähe wohnen musste. Wenn sein Vater erfahren würde, dass Karim bei mir gewesen war, was würde dann geschehen? Konnte es sein, dass ich dann meines Lebens nicht mehr sicher war? Aber dieser Junge war mutig und klug, seiner selbst vollkommen sicher, unendlich viel sicherer als ich es in seinem Alter gewesen war. Mit dem würde ich keine Schwierigkeiten bekommen.

Trotzdem war ich beunruhigt, sogar ein wenig schockiert, und hatte keine Ahnung, was ich ihm sagen sollte. Schließlich brachte ich heraus: „Ich finde es auch schön, dass ich dich kennengelernt habe. Aber ich weiß nicht, was ich jetzt machen soll. Wenn ich dich jetzt anfassen würde, vielleicht hört es sich blöd an … aber wenn ich dich jetzt anfassen würde …“

„Hey, Dad, komm mal auf den Teppich. Ich bin Karim. Und dieses Gesetz ist Scheiße.“

Obwohl ich fast losgelacht hätte, blieb ich auf der Bettkante sitzen und spielte weiter den Bockigen. Auf einmal war er hinter mir, schob seine Arme unter meinen Achseln hindurch, verschränkte sie vor meiner Brust und versuchte mich mit all seiner Kraft aufs Bett zu ziehen. Ich stemmte mich dagegen. Irgendwann ließ ich es zu, und als ich wieder auf dem Bett lag, legte er sich mit ganzer Länge auf mich, nahm meine Hände und schob seine und meine Arme weit auseinander. So lagen wir übereinander wie zwei Gekreuzigte, und während er mich küsste, spürte ich, wie sein Schwanz wieder hart wurde. Das Schlimmste aber war, dass meiner schon längst wieder hart geworden war.

Er flüsterte in mein Ohr: „Wenn du nicht weißt, was du machen sollst, mach einfach nichts. Bleib liegen, und lass mich machen, Dad.“

Jetzt richtete er sich auf und schob meine Beine auseinander. Ich sah, wie er nach einem Gummi griff, die Packung aufriss, das Gummi herausnahm und über seinen schönen Schwanz zog. Dann ließ er viel Spucke herunterlaufen, schaute mir unentwegt in die Augen und drang langsam in mich ein. Ich ließ es geschehen, und während ich das schöne Schauspiel verfolgte, das sich von nun an auf seinem fast noch kindlichen Gesicht abspielte, war ich glücklich.

Bevor er ging, fragte ich ihn, was seine Eltern sagen würden, wenn er um diese Uhrzeit nach Hause käme.

Er lachte. „Da fragt keiner. Alles okay." Und nun wollte er wissen, ob er morgen Abend wiederkommen dürfe.

Ich sagte, dass ich am Mittwochabend einen Termin hätte. (Hatte ich einen? Musste ich denn unbedingt zu diesem Kerl, der sich SportyHairyHunky nannte? Nein! Das musste ich nicht! Nachher würde ich ihm absagen.) „Wir können uns aber gern am Donnerstagabend treffen. Meinetwegen auch viel früher als heute Abend."

„Ja, geil". Und als er ging, sagte er noch einmal: „Bist echt ein geiler Dad."

Nachdem ich ihn hinausgelassen hatte, stand ich eine Weile auf der Terrasse und sog die kühle Nachtluft ein. Sie tat mir gut, und während ich tief durchatmete, sah ich, dass zwischen den Pappeln ein abnehmender, lächerlich verformter Mond hing. Wildes Hundegebell trieb mich in die Küche zurück, und wieder fiel mein Blick auf das rote Papier. Kaum vierundzwanzig Stunden waren es her, dass Jan auf sein Fahrrad gestiegen war, um nach Hause zu fahren. Und was war nicht alles geschehen an diesem langen Tag? Hatte ich diesen Tag nicht begonnen mit dem Vorsatz, mein Profil zu löschen? Hatte ich nicht gedacht, dass Jan mein Mann war, der Mann, mit dem ich leben wollte? Und dann hatte ich doch den halben Tag auf den rosa Seiten verbracht, mit nichts als Idiotenkram beschäftigt.

Als ich ins Schlafzimmer kam und in einer Falte der zerwühlten Bettdecke das Gummi mit dem Sperma Karims fand, sah ich den vergangenen Tag aber doch in einem anderen Licht. Sicherlich, es wäre besser gewesen, stopp zu sagen, nachdem mir der leichte, nie rasierte Flaum über seiner Oberlippe aufgefallen war. Aber hatte es an diesem Abend einen Moment gegeben, in dem ich der Reife, er der Unreife gewesen wäre, ich der Überlegene, er der Unterlegene, ich der Ausbeuter, er der sexuell Ausgebeutete? Nein, einen solchen Moment gab es nicht, und je länger ich über Karim nachdachte und über all das, was heute Abend geschehen war, desto klarer sah ich, was Karim wirklich war: ein Geschenk des Lebens, oder besser noch: ein Juwel, das ich zwischen all dem Müll bei SPLASH! aufgelesen hatte. Und es konnte gar nicht anders sein, dieser Junge mit seinen lustigen Teufelsohren würde mir noch lange nicht aus dem Kopf gehen. Nun stellte ich mir sogar vor, wie es wohl war, wenn Karim nach Hause kam. Ich stellte mir vor, wie er die Wohnungstür leise öffnete und vorsichtig hinter sich schloss, und während er auf Zehenspitzen durch den dunklen Flur in sein Zimmer zu gehen versuchte, öffnete sein Vater, der auf ihn gewartet hatte, eine Zimmertür, machte Licht und fragte ihn etwas. Gern hätte ich gewusst, was Karim antworten würde. Zu gern hätte ich gewusst, was er sagen würde.

Jetzt, da ich mir ausmalte, wie es in der Wohnung dieser arabischen Familie zuging, fiel mir etwas ein, was mit Karim nichts zu tun hatte. Im letzten Jahr hatte ich über SPLASH! einen jungen Araber kennengelernt. Bevor dieser Junge, der einen so behaarten Arsch hatte, wie ich noch keinen gesehen hatte, nach Berlin zurückging, wo er und seine Familie lebte, verriet er mir, dass sein Onkel, in dessen Gemüsehandel er eine Zeitlang ausgeholfen hatte und bei dem er wohnte, fast jede Nacht in sein Zimmer kam und ihn brutal und ohne Gummi fickte. Der Onkel hatte kein Problem damit, dass seine Frau und seine Kinder in den anderen Zimmern der Wohnung schliefen, während er den Jungen fickte. Und für diesen Jungen war es ganz normal, dass die arabischen Männer ihren Frauen Kinder machten und, wenn sie Spaß haben wollten, junge Boys fickten. Aber bei den Arabern musste eben alles heimlich geschehen. Homosexualität gab es nicht. Das war eine europäisch-amerikanische Schweinerei.

Und nun fragte ich mich erneut, was passieren würde, wenn Karims Vater erfahren würde, dass sein Sohn mit mir Sex gehabt hatte, mit einem Ungläubigen, der Schweinefleisch aß, Alkohol trank und, schlimmer noch, mit einem Homosexuellen. Wenig wahrscheinlich war allerdings, dass Karims Vater einer dieser arabischen Patriarchen war, die nach dem Grundsatz lebten „Lieber fünf kriminelle Söhne als eine verhurte Tochter". Dazu war sein Sohn zu wenig Macho, zu offen, zu verspielt, zu lieb, und auf eine unkomplizierte und selbstverständliche Weise schwul, so unkompliziert und selbstverständlich, wie ich es noch nicht erlebt hatte. Konnte es sein, dachte ich jetzt, dass es in Karims Familie gar keinen Vater gab? Konnte es sein, dass sein Vater umgekommen war im Inferno des Nahen Ostens? Ja, das konnte sein. Und wenn es so war, dann war Karim von seiner Mutter erzogen worden, und das würde einiges erklären. Am Donnerstag würde er mir alles erzählen, dachte ich.

Draußen war es längst hell geworden, und schon wieder bellte der Hund. Immer wieder war er zu hören gewesen, seitdem ich ins Bett gegangen war. Jetzt waren es sogar zwei. Vermutlich zwei verrückt gewordene Hunde, die von ihren Besitzern, oder sagte man Haltern?, mühsam auf Abstand gehalten wurden. Ein Mann brüllte etwas in den Morgen hinaus, und gleich danach wurde ein Fenster zugeschlagen. Jetzt reichte es auch mir. Was für eine idiotische Gegend, in der die Leute morgens um halb fünf mit ihren Kötern unterwegs waren!, dachte ich. Ich stand auf, schloss das Fenster und zog die dunklen Vorhänge zu. Dann lag ich im Bett und wusste, dass ich nicht einschlafen würde. Ich machte Licht und griff nach dem Taschenbuch, das neben dem Bett lag. Vor meiner Abreise nach Rom war ich mit der Lektüre nicht zu Ende gekommen. Nun las ich die drei letzten Kapitel des Romans, und als ich damit fertig war, las ich den Schluss noch einmal:

„Ich ging durch die Tür, verabschiedete mich, machte das Radio an, fand eine halbe Flasche Scotch, trank sie leer, lachte, fühlte mich wohl, endlich konnte ich mich entspannen, war frei, verbrannte mir die Finger an kurzen Zigarettenstummeln, ging schließlich Richtung Bett, kam bis zur Bettkante, stolperte, fiel hin, fiel quer über die Matratze, schlief, schlief, schlief … Am nächsten Morgen war die Nacht zu Ende, und ich war noch am Leben. Vielleicht schreibe ich einen Roman, dachte ich. Und dann schrieb ich ihn."

Das war stark, verdammt stark. So müsste man schreiben können, dachte ich. Niemals, das war mir klar, würde ich einen solchen Text zustande bringen. Vielleicht war es so, weil es mir zu gut ging. Dieser amerikanische Autor hatte einmal gesagt, wenn er immer genug „Whisky" gehabt hätte, hätte er keine einzige Zeile geschrieben. Ich dagegen hatte genug Whisky (auch wenn ich ihn nicht trank), hatte genug Geld und Jungs - keine gute Voraussetzung, um die Spannung erzeugen und aushalten zu können, die nötig war, um etwas so hinreißend Verrücktes zustande zu bringen: *„Am nächsten Morgen war die Nacht zu Ende, und ich war noch am Leben. Vielleicht schreibe ich einen Roman, dachte ich. Und dann schrieb ich ihn."*

Während mir all das durch den Kopf ging, spürte ich, dass ich schläfrig wurde. Als ich das Licht löschte, bellten die Hunde immer noch.

7.

Carl

Das Hundegebell hatte aufgehört. Ich lief den langen Flur auf und ab und hoffte, dass die Hunde mich nicht anfielen und an mir herumzerrten wie so oft in den letzten Tagen. Während ich noch überlegte, wie ich die Hunde loswerden könnte, läutete es an der Wohnungstür.

Ich öffnete. „Ja bitte?"

Vor der Tür stand ein großer Kerl mit heller, sommersprossiger Haut und langen rotblonden Haaren wie bei einem Engel. „Hallo Ben." Er schob einen mittelgroßen dunklen Jungen vor sich her, der ununterbrochen grinste.

„Erinnerst du dich nicht an uns, Dad", sagte der Junge.

„Du hast doch gesagt, du wolltest ihn … ", sagte der Engel.

Der Junge grinste immer noch, wobei seine großen, spitzen Ohren sich nach oben bewegten.

„Na klar wollte ich ihn ficken. Bloß nicht gerade jetzt."

„Guck mal, Dad", sagte der Junge, „wir haben dir eine Blume mitgebracht."

„Ach du lieber Gott", sagte ich. Ich nahm die Blume, ging in die Küche und stellte die Blume in eine Vase mit Wasser. Erst jetzt sah ich, dass es eine Blume aus Papier war, eine Papierblume mit einem gelben Stengel, leuchtend grünen Blättern und einer riesigen orangeroten Blüte. Ich ging wieder zurück zur Wohnungstür. Aber nun waren die beiden verschwunden. Ich lief die Treppe hinunter. Einen Mann, der mir entgegenkam, fragte ich nach der Uhrzeit. Er wollte sich ausschütten vor Lachen. „Um das zu sagen, ist es noch viel zu früh."

Als ich auf die Straße kam, sah ich den Engel, und nun erkannte ich ihn. Es war Nino.

„Und der Junge? Wo ist der Junge?", rief ich.

„Schau mal da", sagte er.

Ich sah die Straße hinunter. Menschen rannten an mir vorbei, und auch ich fing an zu rennen. Dann waren die Hunde wieder hinter mir her. Ich hörte ihr Getrappel, aufgeregtes Schnüffeln, Knurren, Jaulen, feuchtes Geifern wilder Bestien, die mir folgten, um mich zu zerreißen. Doch diesmal entkam ich ihnen. Ich rannte durch die Nacht, immer noch weiter, bis ich hoch über einer Steilküste abrupt zum Stehen kam. Weit unten sah ich Karim über den hellen, breiten Strand laufen. Jemand streckte die Arme nach ihm aus und half ihm, ein Schiff zu besteigen, das gerade ablegte. Und während ein großer roter Mond aufging, verschwand ein schwarzes Schiff zwischen Wasser und Himmel …

… noch zogen Fetzen aus dem Traum an mir vorbei. Allmählich aber wurde ich ruhiger, und fast wäre ich wieder eingeschlafen, wenn es nicht an der Tür geklingelt hätte. Mir fiel ein, dass es Marion war, die meist mittwochs kam. Sie hatte einen Schlüssel, und wenn ich nicht öffnete, würde sie einfach hereinkommen.

Marion, eine zwanzigjährige Studentin der Medienwissenschaften, hielt meine Wohnung in Ordnung. Ich mochte Marion gern, und oft saßen wir in der Küche und redeten. Natürlich hatte sie sich informiert, wer dieser Benedikt Cassens war. Vor allem hatte sie den Wikipedia-Artikel über mich gelesen und gestaunt über die Menge meiner Veröffentlichungen. Zuweilen blätterte sie in einem meiner Bücher, vor allem im „Handbuch“, das üppig bebildert war. Einmal war ihr sogar dessen japanische Ausgabe in die Hände gefallen, und amüsiert hatte sie mich gefragt, ob es wirklich Japaner gab, die sich für diese Art von Kunst interessierten. Überhaupt kam ihr seltsam vor, dass man sich mit Kunst beschäftigen konnte, die achthundert Jahre alt war. Und wieder einmal stellte ich fest, wie schwer es war, einem jungen Menschen zu vermitteln, wozu historisches Wissen dient. Über den Sinn der Medienwissenschaften musste man ja nicht diskutieren. Er lag auf der Hand, und wenn Marion von ihren Projekten erzählte, vom Studienbetrieb an ihrer Hochschule, hörte ich staunend zu. Lustig war, wenn sie mich anzustacheln versuchte, auch ein solches Studium zu beginnen. Ich sei „doch noch fit in der Birne“, und Zeit hätte ich doch genug.

Nun stand Marion am anderen Ende des Flurs, während ich im Bademantel aus dem Schlafzimmer kam.

Ich rief ihr zu: „Morgen, Marion. Leider habe ich verschlafen.“

„Stört mich nicht. Soll ich dir Kaffee machen?“

„Mach ich schon selbst. Kannst gleich auch einen haben.“

„Gern“, sagte sie, und während ich ins Badezimmer ging, fing sie an, Staub zu saugen in einem der vorderen Zimmer.

Später saß ich in der Küche und frühstückte. Danach beantwortete ich einige WhatsApp-Nachrichten und SMS, die ich gestern Abend bekommen hatte.

Auf einmal kam Marion herein. „Sag mal. Das ist ja der Hammer."

„Was meinst du?"

„Na, das große Bild da vorne, das du ausgepackt hast. Absolut der Hammer. Hab sowas noch nie gesehen. Es springt einen an, obwohl ich nicht sagen kann, was es ist."

„Man muss nicht wissen, was es ist. Was zu sehen ist, hat mit der vermeintlichen Realität sowieso nichts zu tun. Das Bild ist das Bild und sonst nichts."

„Wahnsinn. Wer hat es ...?"

„Gemalt hat es ein Freund von mir, dem es gerade sehr schlecht geht."

„Oh, das tut mir leid. Als er das Bild gemalt hat, ging es ihm da besser? Ich glaub nicht", und es klang, als ob sie ein Lachen unterdrückte.

Während sie bei mir am Tisch saß und ihren Kaffee trank, erzählte ich ein wenig von Manfred. Ich hätte gern noch mehr erzählt, aber das Telefon klingelte, und sie ging wieder nach vorn, um weiterzuarbeiten.

Am Apparat war Alexander, der darum bat, unser Treffen um eine halbe Stunde zu verschieben. Er habe Handwerker im Haus. Bevor diese nicht fertig seien, könne er nicht weg. „14.00 Uhr ist aber ok."

Im Arbeitszimmer nahm ich mir dann das Manuskript vor. An diesem Vormittag spürte ich nichts mehr von der Blockade der letzten Tage. Ich hatte sogar Einfälle, die ich nicht für möglich gehalten hätte, und als ich um halb zwei aufhörte, war ich viel weitergekommen, als ich gedacht hatte. Jetzt muss ich aber los, dachte ich, und war doch neugierig auf die Nachrichten, die inzwischen bei SPLASH! aufgelaufen waren.

Ja, SportyHairyHunky hatte geschrieben; genaue Anweisungen für unser Treffen in seinem Hotel. Noch während ich las, fiel mir ein, dass für den Bau dieses Hotels auf Sankt Pauli ein ganzes Stadtviertel abgerissen wurde Damals hatte es spektakuläre Proteste gegeben, die aber im Sande verliefen.

Auch von Karim war etwas gekommen: „freu mich schon auf morgen dad." Er hatte es heute Morgen geschrieben, vielleicht noch bevor er zu seiner Arbeit bei Penny ging. Obwohl die Zeit drängte, schrieb ich ihm: „Hey, Karim, geiler Kerl. Danke, dass du zu mir gekommen bist. Ich freu mich auch auf morgen Abend. Sehr sogar. Ich melde mich." Und nun überkam es mich. Sollte ich ihn nicht bitten, schon heute Abend wiederzukommen? Warum denn nicht? Ja, das würde ich machen. Und ich freute mich schon jetzt auf ihn, auf die Art, wie er redete, wie er guckte, wie er sich bewegte und mit welcher Selbstverständlichkeit er Sex machte. Wozu musste ich in dieses Hotel gehen, um eine ergonomische Befriedigungsmaschine zu ficken? Heute Nachmittag würde ich Karim schreiben, nach dem Essen mit Alexander. Dass ich es wegen des Zeitdrucks nicht sofort tat, noch hier in meiner Wohnung, war verhängnisvoll. Aber das wurde mir erst ein paar Tage später klar, nachdem das Unbegreifliche schon geschehen war.

In der Küche war Marion gerade dabei, meine Hemden zu bügeln. Ich gab ihr Geld. Dann verabschiedete ich mich.

Als ich kurz nach 14.00 Uhr mit dem Fahrrad in den Hof einbog, an dem das Restaurant lag, sah ich Alexander, der hier auf mich gewartet hatte. Er kam auf mich zu und gab mir lächelnd die Hand. Obwohl wir uns lange und gut kannten, umarmten wir uns nicht. Alexander war kein Mensch, der andere umarmte.

Das Restaurant war in eine der Werkshallen hineingebaut worden, in denen einst Schiffspropeller produziert wurden, immer noch erkennbar an dem riesigen gemauerten Ofen und an dem gewaltigen Schlot, der bis zur hohen Decke aufragte. Wir hatten zunächst in diesem Raum gesessen, nach einiger Zeit aber festgestellt, dass es hier, wo eine legendäre Pizza gebacken wurde, viel zu heiß war. Wohler fühlten wir uns auf der Terrasse, und hier bestellten wir etwas zu essen.

Alexander und ich kannten uns seit unseren Studienjahren in Hamburg. Wir hatten uns nie aus den Augen verloren, auch dann noch Kontakt gehalten, als ich in anderen Städten Europas lebte. Immer wenn ich in Hamburg war, traf ich auch Alexander. Während meiner römischen Jahre kam er mindestens einmal im Jahr nach Rom, denn er war ein Rombegeisterter wie ich, und wie ich war er ein emeritierter Universitätslehrer. Aber im Gegensatz zu mir war er über all die Jahre in Hamburg geblieben und hatte hier Karriere als Literaturwissenschaftler gemacht, einer der wenigen, dem die deutsche Literatur ebenso vertraut war wie die französische.

Dass Alexander schwul war, hatte ich von Anfang an geahnt, wie jeder es ahnte, der mit Alexander zu tun hatte. Seine Art, sich zu bewegen, zu sprechen, sich zu kleiden, seine Leidenschaft für Oper und Ballett entsprachen dem Klischee. Aber Alexander war kein Mann, der sich geoutet hätte. Dazu war er zu konservativ.

Als ich nach dem Skandal des Jahres 1983 meine Homosexualität nicht mehr verleugnete, hatte ich mich auch Alexander anvertraut. Seitdem hatten wir, was unser Sexleben betraf, kaum ein Geheimnis vor einander. So wusste ich, dass er fast jeden Abend mit seinem alten Jaguar in die Stadt fuhr und in die Szene abtauchte. Er ging in Saunen und trieb sich in den Darkrooms der Fickschuppen herum, und klagte dennoch, dass es wegen seines Alters immer schwieriger würde, befriedigenden Sex zu haben. Ich hatte ihm schon oft gesagt, dass es bei mir genauso sei. Wenn ich heute in die Szene ginge, würde sich kein Schwein für mich interessieren. Auf SPLASH! aber seien genügend Kerle zu finden, die auf ältere Männer standen. Doch er hatte jedes Mal gesagt, so ein Datingportal sei nichts für ihn. Er sei einfach zu ängstlich. Vor allem sei es eine „absolute Horrorvorstellung", einen von denen, die er auf diese Weise kennenlernen würde, in sein Haus zu lassen. In dieser Hinsicht konnte ich ihn sogar verstehen. Er lebte in einem der Hamburger Elbvororte in einem schönen alten Haus, das angefüllt war mit Antiquitäten, Gemälden und anderen Kostbarkeiten, Erbstücken aus der Familie seiner Mutter. Er hatte ein Vermögen ausgegeben für Sicherungs- und Alarmanlagen, und lebte doch mit der Angst, er könne von einem seiner nächtlichen Ausflüge zurückkehren, nachdem osteuropäische Spezialisten sein Haus ausgeräumt hätten.

Alexander hatte in all den Jahren nichts von seiner Lebendigkeit eingebüßt. Er sprach fantasievoll, übersprudelnd, oft mit großer Geste, und riss mich mit. Ich glaubte gesehen zu haben, dass einige der Hipster in unserer Nähe zu uns herüberschauten und die beiden älteren Herren belächelten, die sich so viel zu sagen hatten, so laut und lebhaft sprachen. Alexander wollte natürlich wissen, wie es in Rom gewesen war, wie es Nino ging, wie es um mein römisches Reisebuch stand, wie es bei Erika gewesen war. Und ich erzählte ihm alles. Ich berichtete auch von meinem traurigen Besuch bei Manfred, den Alexander seit den siebziger Jahren kannte. Er gestand mir jetzt, meine Freundschaft mit diesem „furchterregenden Mann" sei ihm immer schon ein Rätsel gewesen. Und dann kam, ohne jede Überleitung, die Frage: „Und deine Jungs? Was machen die?"

Ich erzählte ihm die Geschichte mit Daniel, vor allem wie ich ihn zuletzt auf seinem Balkon in der Eisenbahnstraße gesehen hatte.

Alexander lachte, und es klang, als glaubte er mir nicht. Um ihm etwas Glaubhaftes zu bieten, zeigte ich ihm auf dem iPhone die Fotos, die SportyHairyHunky geschickt hatte.

„Boaaaaahh!", machte Alexander, „Wie geil ist der denn!!!"

„Der Kerl will mich heute Abend in seinem Hotel auf Sankt Pauli treffen. Bin mir aber nicht sicher, ob ich da hingeh. Außer-Haus-Sex, eigentlich nichts mehr für mich. "

„Geh da bloß hin. So etwas kriegst du nie wieder."

„Mag sein. Bin mir aber trotzdem nicht sicher. Wahrscheinlich ist das ein Geschäftsmann. Es ist ja gar nicht so selten, dass bei SPLASH! Geschäftsleute von auswärts auftauchen, die zu Sexparties in ihr Hotel einladen. Die sind auf irgendeiner Messe, haben wenig Zeit und lassen die Kerle zu sich ins Hotel kommen, wie die Heteros unter ihnen sich Nutten bestellen. Heute musst du ja keine Scheu mehr zu haben, im Hotel Besuch zu empfangen. Früher war so etwas unmöglich. Da saß immer jemand an der Rezeption, der aufpasste, dass nichts Unanständiges geschah."

„Ja, so war das", sagte Alexander.

Wir bezahlten und gingen in den Hof, an dem nicht nur das Restaurant lag, sondern auch eine Buchhandlung und ein Kino. Hier standen wir noch eine Weile und redeten, bis Alexander auf die Uhr sah und feststellte, dass er sich beeilen musste. Um 16.45 Uhr hatte er noch einen Termin beim Arzt. Ich hatte längst gesehen, dass über dem Eingang des Kinos ein riesiges Filmplakat hing. Darauf sah man einen kleinen Jungen mit sehr roten Lippen und sehr blauen Augen. Er lag auf einem sehr grünen Rasen und schaute in den wahrscheinlich sehr blauen Himmel. Darüber stand in der Art eines Schultafel-Anschriebs

BOYHOOD.

Auch Alexander starrte inzwischen auch auf das Filmplakat. Als könne er nicht glauben, was er sah, sagte er: „Was ist *das* denn?"

„Der Film hat auf der letzten Berlinale einen Preis bekommen für die Regie. Ich glaub, einen Silbernen Bären, oder so. Nach langer Zeit wurde auf der Berlinale mal wieder ein amerikanischer Film ausgezeichnet."

„Scheint ein Film für Päderasten zu sein."

Ich lachte. „Also was für mich."

Er lachte auch. „Aber nichts für mich. Amerikanisches Kino, du weißt", und er machte eine Geste des Widerwillens. Alexander, dieser Freund Frankreichs, liebte das französische Kino. Dass er in Fanny Ardant verknallt war, wussten alle seine Freunde. 2009 war er ihretwegen sogar zu den Filmfestspielen nach Cannes gereist, wo sie ihr Regiedebüt feierte. Dort führte er sich fast wie ein Stalker auf, denn überall, wo die Ardant auftauchte, tauchte auch er auf. Und einmal hatte sie ihm ein wissendes Lächeln geschenkt, wie er oft und gern erzählte.

Nachdem wir uns verabschiedet hatten, ging ich in die langgestreckte zentrale Halle der ehemaligen Fabrik hinein, deren linkes Seitenschiff zu einem Kino umgebaut worden war. Als ich vor der Kinokasse stand, sah ich, dass BOYHOOD ab 16.30 Uhr laufen würde. Ich fragte die junge Frau an der Kasse, ob der Film auch gezeigt würde, wenn ich, bei diesem schönen Wetter, der einzige Besucher wäre. Der Film würde in jedem Fall laufen, sagte sie. Übrigens seien schon vier Leute im Kino.

Dann lief der Film, und es dauerte nicht lange, bis ich mich wunderte, dass der Film auf der Berlinale ausgezeichnet worden war. Die Geschichte, die hier erzählt wurde, war in der amerikanischen Mittelschicht angesiedelt, und deren Probleme hatte man schon hundertfach im Kino gesehen. Man musste nicht einmal an das Meisterwerk „American Beauty“ denken, um zu erkennen, dass alles, was hier zu sehen war, belanglos, harmlos, flach und stereotyp war. Vor allem das schon hundertfach gehörte Selbstfindungsgerede und die vielen FeelGood- und Motivationssprüche waren nicht zum Aushalten. Sicher, sie waren Teil der amerikanischen Realität und passten zum realistischen Konzept des Films, aber an einigen Stellen war ich nahe daran, das Kino zu verlassen, vor allem als ich spürte, wie sehr mir die sentimentale Vater-Sohn-Geschichte auf die Nerven ging. Spannend war allerdings, wie in diesem über zwölf Jahre hinweg realisierten Film aus einem Kind, ohne das Zutun eines Maskenbildners, ein Junge wurde, der zunehmend einen männlichen Körper, männliche Gesichtszüge bekam und dem bald ein Bart wuchs. Dabei konnte ich nicht einmal sagen, ob dieser junge Mann am Ende auch sexy war. Wenn ich ihn mit Karim verglich, war er uninteressant.

Gegen Ende des Films, als Mason Jr und seine Freundin Nicole vor einer kitschigen Landschaftskulisse halbgare Erkenntnisse über das Problem der Zeit zum Besten gaben, sah ich auf die Uhr und erschrak. Mehr als zweieinhalb Stunden hatte ich schon in diesem Kinosessel verbracht, ohne zu merken, wie die Zeit verging. Das sprach doch eigentlich für den Film, dachte ich. Doch im gleichen Moment fragte ich mich, ob ich den Mann im Hotel wegen eines endlos langen, letztlich belanglosen Films schon verpasst hatte? Vielleicht war jetzt schon ein anderer „Dad“ dabei, den haarigen Arsch dieses geilen Kerls zu ficken.

Ich zog das iPhone aus der Tasche und loggte mich ein bei

SPLASH! „Bin jetzt frei. Wann kommst du?“, hatte SportyHairyHunky vor einer halben Stunde geschrieben.

Ich antwortete sofort, wollte schnell sein, jedem anderen Kerl zuvorkommen. Erst als ich die Nachricht abgeschickt hatte, las ich, was ich geschrieben hatte: „Kann ich noch um 20.30 h komen? bin noh nicht zu hause mus Snoch DUshen“. Das war nicht lustig.

Nach ein paar Minuten kam zurück: „Ja ok. Lass dir Zeit. Aber nicht nötig, dass du duschst. Will dich wie du bist.“

„Ok. Bin gegen 20.30 da“, schrieb ich noch, während das Licht im Saal anging. Und nun sah ich, dass außer mir niemand mehr im Kino war.

Zuhause ging ich gleich in die Dusche. Auch wenn der Mann im Hotel ein Kerl war, der vielleicht auf Männerschweiß stand, in dieser Hinsicht musste ich ihn enttäuschen. Ich würde mich wohler fühlen, wenn ich geduscht zu diesem Date ging.

Um viertel nach acht stieg ich auf mein Fahrrad und fuhr in Richtung Innenstadt. Nachdem ich über die Elbchaussee, die Palmaille und ein Stück durch Sankt Pauli gefahren war, kam ich zu dem riesigen bronzefarbenen Tower, der erst seit wenigen Jahren über dem Hochufer der Elbe aufragte. Dem Hoteleingang gegenüber fand ich einen Peitschenmast, an dem ich das Fahrrad befestigte.

„Bin unten. Komme jetzt rauf“, tippte ich noch in mein Handy.

Sofort kam zurück: „Ja, komm. Bin megageil. Die Tür ist offen.“

Erst jetzt sah ich, dass in diesem Hotel ein Kongress stattfand. Über dem Eingangsbereich mit seinen weißen Säulen und Kübeln mit Buchsbaum hing ein Transparent mit der Aufschrift

XXIII INTERNATIONAL CONGRESS
ON MULTIPLE SCLEROSIS
HAMBURG 2014

Überall wimmelte es von Leuten in Businesskleidung, fast alle gekennzeichnet durch kleine weiße Schildchen an den Revers ihrer dunklen Anzüge oder Kostüme.

In der Lobby des Hotels drängte ich mich zwischen den Kongressteilnehmern hindurch, um in den hinteren Teil der Halle zu kommen, wo vor den metallisch glänzenden Türen der Lifts ein Pulk von Menschen wartete. Alle schienen sich zu kennen, und ich spürte eine Beklommenheit, die ich nicht kannte. Ich hätte nicht kommen sollen, dachte ich, und war kurz davor umzukehren. Da öffnete sich eine der Aufzugstüren, und ich fuhr in einer übervollen Kabine in den siebzehnten Stock hinauf.

Die Tür zum Zimmer 17/34 lag am Ende eines langen Flurs. Als ich sah, dass sie angelehnt war, zögerte ich einen Moment. Dann stieß ich sie auf, und starrte in undurchdringliche Dunkelheit. Langsam ging ich hinein, zog die Tür hinter mir zu und wartete, bis ich etwas sehen konnte. Allmählich erkannte ich ein Bett, und auf der Ecke des Bettes, die in meine Richtung zeigte, sah ich einen Arsch, nichts weiter, allenfalls noch zwei Fußsohlen.

Während ich mich auszog, blieb die Unterhose an meinem linken Fuß hängen, und zwar so unglücklich, dass ich umgekippt wäre, hätte ich mich im letzten Moment nicht an der Lehne des Schreibtischstuhls festhalten können. Der Mann auf dem Bett hätte seinen Spaß gehabt, hätte er meinen lächerlichen Tanz sehen können. Zum Glück sah er nichts. Sein Körper war auf dem Bett weit nach vorn gebeugt, und sein Gesicht hatte er in ein Kopfkissen gedrückt.

Nun, da ich unmittelbar hinter dem Arsch stand, tat ich, was SportyHairyHunky von mir erwartete, und schon nach kurzer Zeit kam ich mir tatsächlich vor wie eine Fucking Machine, die, einmal in Gang gesetzt, nicht aufhören kann. Dass der in Doggystellung vor mir kauernde Körper ohne jede Reaktion blieb, fand ich allerdings seltsam. Ich spürte nur diesen Arsch. Sonst nichts. Und der Arsch spürte mich, klar doch. Es gab aber kein Anzeichen dafür, dass derjenige, der sich hier ficken ließ, erregt war. So blieb auch das, was ich tat, mechanisch, und zunehmend fühlte ich mich unwohl in der Rolle, in die er mich gedrängt hatte. Er könnte sich einmal auf den Rücken legen, dachte ich. So würde ich sehen, wer er war, und er würde sehen, wer ich war, und alles würde zu einem befriedigenden Ende kommen, für ihn und für mich. Es geschah aber nicht, und ich machte weiter, obwohl es doch höchste Zeit war aufzuhören, das Fahrrad zu nehmen, nach Hause zu fahren. Zeitweilig überlegte ich, was ich zu Hause tun könnte, während ich immer noch weitermachte. Vielleicht würde ich Musik hören. Endlich wieder einmal Les nuits d'été. Aber ich machte weiter, bis eine Hand durch die Beine des Mannes hindurchgriff und sich an meinem Schwanz zu schaffen machte. Zuerst dachte ich, dass dem Mann vielleicht wehtat, was ich ihm antat. Da war die Hand schon dabei, mir das Gummi vom Schwanz zu ziehen. Irgendetwas sagte mir, dass ich jetzt aufhören müsse, denn das, was die Hand wollte, wollte ich auf keinen

Fall. Doch ich tat das Gegenteil. Ich fickte ohne Gummi weiter. Und jetzt spürte ich, dass der vor mir kauernde Mann beteiligt war, mitging, die Bewegungen meines Unterkörpers aufnahm, bis ich tief im Inneren dieses Körpers abspritzte.

Erschrocken über das, was zuletzt geschehen war, suchte ich meine auf dem Fußboden verstreuten Sachen zusammen, zog mich Hals über Kopf an, und als die Zimmertür ins Schloss fiel, fragte ich mich, warum der Mann immer noch in Doggystellung auf dem Bett kauerte.

Ich weiß nicht mehr, was ich dachte und fühlte, als ich im Aufzug nach unten fuhr und anschließend die Lobby durchquerte, wo sich um diese Uhrzeit kaum noch jemand aufhielt. Hier wurde ich von einem Mitarbeiter der Rezeption angesprochen, der mit einer Schulter ein Telefon an sein Ohr geklemmt hatte.

„Mein Herr, entschuldigen Sie. Kommen Sie von Herrn Dr. Schindler? Zimmer 17 34?“

„Zimmer 17 34? Ja.“

„Herr Dr. Schindler bittet Sie, noch einmal nach oben zu kommen. Sie haben etwas vergessen.“

„Danke“, sagte ich.

Ich ging wieder zu den Lifts und fuhr noch einmal in den siebzehnten Stock hinauf. Die Tür zum Zimmer 17/34 war auch jetzt wieder angelehnt. Nachdem ich geklopft hatte, erschien im Türspalt das bärtige Gesicht, wie ich es auf den Fotos gesehen hatte, die SportyHairyHunky geschickt hatte, und eine Hand reichte mir etwas heraus. Es war mein iPhone.

„Ich denk, des brauchst du noch,“ sagte der Mann in der Tür und blickte mich aus seinen dunklen melancholischen Augen an.

Ich wollte etwas sagen.

„Ist schon gut.“

„Danke“.

„Auch Danke“, sagte der Mann, und nachdem er noch „Servus“ gesagt hatte, schloss er die Tür.

Erst im Aufzug dämmerte mir, was in den letzten Minuten geschehen war. Ein Dr. Schindler hatte an der Rezeption angerufen, damit ich mein iPhone wiederbekam. Und dieser Dr. Schindler hatte mit wienerischem Akzent gesagt: „Ich denk, des brauchst du noch“, „des“ mit hellem E und scharfem S. Und mit dem gleichen Akzent hatte er auch „Servus“ gesagt.

Schindler. Schindler. Schindler … Der Name hämmerte in meinem Kopf, als ich an der Rezeption vorbeikam. Ich sah gerade noch, wie der junge Mann hinter dem Empfangstresen mir zulächelte, dann hatte ich das Gefühl, die Kontrolle zu verlieren, vielleicht sogar im nächsten Moment umzukippen.

Ohne zu wissen, was ich tat, ging ich über die Straße, löste das Fahrrad vom Laternenmast, fing an, das Fahrrad zu schieben, bis ich über einen Bordstein stolperte. Erst jetzt kam ich zu mir, stieg auf das Fahrrad und fuhr langsam und unsicher nach Hause.

Auf der Treppe zu meiner Wohnung kam mir eine Frau aus dem Haus entgegen. Es war die Frau, die meine Post aus dem Briefkasten nahm, wenn ich auf Reisen war. Wochen später fragte sie mich einmal, ob ich krank gewesen war an diesem Mittwochabend. Ich hätte schrecklich ausgesehen.

Mit brennendem Kopf ging ich in der Wohnung umher, unfähig etwas zu tun, bis mir einfiel, was ich tun musste. Ich setzte mich vor den Mac und gab unter Google-Suche ein: „Dr. Schindler“. Und dann sah ich, dass es eine Unmenge von Seiten gab, die etwas mit diesem Namen zu tun hatten.

Die erste Seite, die ich anklickte, war die mit dem neuesten Datum, also von heute, Mittwoch, dem 16.07.2014. Es war die Website einer Pharmafirma, die der Hauptsponsor des Neurologenkongresses in Hamburg war. Hier erfuhr ich, dass ein Team junger Wissenschaftler unter der Leitung eines Dr. Schindler neue Prognose-Techniken bei der Behandlung von MS-Patienten entwickelt und für diese Arbeit eine Auszeichnung der Firma erhalten hätte. Morgen Nachmittag, am 17. Juli 2014, würde Dr. Schindler einen Workshop leiten zum Thema: *Multiple Sklerose - Individuelle Therapie auf der Basis von Gen-Analysen.*

Als ich gelesen hatte, dass es sich um einen Carl Schindler handelte, spürte ich, dass mein Mund trocken wurde. Ich stand auf, ging in die Küche, um etwas zu trinken. Doch dann stand ich in der Küche und wusste nicht mehr, was ich da wollte. Ich kehrte an den Mac zurück und klickte eine weitere Seite an: *Carl Schindler - Forschungsportal der Medizinischen Universität Wien.* Hier fand ich die Titel Carl Schindlers: „Assoz. Prof. Priv-Doz. Dr. med- univ. Carl Schindler“, und weiterhin Angaben zu seiner Karriere: Nach Studienaufenthalten an renommierten Universitäten in den USA war er an die Wiener Universität zurückgekehrt, und da war er so etwas wie ein Star geworden.

Irgendwo fand ich einen Aufsatz, den ein medizinisches Fachblatt der Schweiz ins Netz gestellt hatte: *Carl Schindler - Initiative Gehirnforschung.* Ich las den mehrseitigen Artikel vollständig zu Ende, Wort für Wort, und empfand eine seltsame Nähe zu all diesen gewichtigen, wissenschaftlich klaren Wörtern, die mir vollkommen einleuchteten, obwohl ich kaum etwas verstand. Anschließend fragte ich mich, warum ich noch weitere Seiten anklicken sollte, da ich doch längst begriffen hatte, wer dieser Dr. Schindler war.

Aber dann hastete ich doch noch von einem Link zum anderen. Irgendwann kam, was ich gesucht hatte. Unter *www.WRGresearch.com./profil/carlschindler* stieß ich auf ein Foto, auf dem mich jener Mann anblickte, den ich an der Tür zum Zimmer 17/34 gesehen hatte. Auch hier wieder das schmale bärtige Gesicht mit den dunklen Augen. Und neben dem Foto gab es einen Text, der mir Gewissheit verschaffte: Carl Schindler war geboren am 3. Mai 1981 in München. Erst jetzt, da ich immer noch auf das Foto und das Datum starrte, begriff ich wirklich, was in Zimmer 17/34 des Hotels geschehen war. Einen Moment glaubte ich, ich könnte den Mut aufbringen, dem Mann im Hotel eine Nachricht zu schicken, vielleicht um ihn zu bitten, mich morgen Abend in der Bar im zwanzigsten Stockwerk seines Hotels zu treffen. Und während ich mir vorzustellen versuchte, wie dieses Treffen verlaufen würde, schlug mein Herz, als sei es verrückt geworden, als wolle es raus aus diesem Körper, der es pumpen ließ, als solle es platzen. Vorstellungen, Erinnerungen und Gedanken der seltsamsten Art jagten mir im Kopf herum, und einen Moment kam es mir vor, als könne ich mich doch noch mit meiner Vergangenheit versöhnen. Aber so schnell wie diese Anwandlung gekommen war, so schnell war sie vorbei. Ich fühlte mich, als hätte ich erneut eine Schuld auf mich geladen, die ich nie wieder loswerden würde. Auch wenn alles andere noch unklar und verworren war, eins wusste ich: diesen Dr. Carl Schindler, der sich bei SPLASH! SportyHairyHunky nannte, würde ich nie wieder treffen.

Ich schaltete den Mac aus und ging auf den dunklen Flur hinaus, lief hin und her, im Kopf ein fürchterliches Durcheinander. Auf einmal, ohne zu wissen, was ich da wollte, stand ich in dem Zimmer, in dem Manfreds Mishima I an der Wand lehnte. Ich machte Licht, und wieder sah ich das wüste Gebilde aus Farbe, Teer und Ruß, in dem Manfred vor vielen Jahren seine Verzweiflung und seine Wut ausgedrückt hatte. Nun kam es mir vor, als sei die große Bildtafel das Fenster zu einer anderen Welt. In dieser Welt, in der die Dinge nur noch Zeichen und

Erinnerung wirklicher Dinge waren, konnte geschehen, was ich nie für möglich gehalten hätte, wie gerade auch jetzt, da ich die seltsame Erfahrung machte, dass man gleichzeitig einatmen und ausatmen konnte, gleichzeitig zulassen und abwehren, gleichzeitig erschrecken und lachen konnte, während meine Vergangenheit und meine Gegenwart in einen einzigen Augenblick zusammenflossen. Denn jetzt sah ich die dunklen melancholischen Augen wieder vor mir, die mich vor einunddreißig Jahren in einer vollkommen unmöglichen Situation schon einmal angesehen hatten.

Unvermeidlich musste ich mir die Frage stellen, ob das alles Zufall war, oder ob ich, der doch immer ein Skeptiker gewesen war, begreifen sollte, dass es so etwas wie Schicksal, Fatum, Kismet gab - oder auch Kairos. Ja, da war es wieder: wieder stand mir das Fresko des Kairos vor Augen, das der Maler Francesco Salviati vor fünfhundert Jahren an eine Wand im Palazzo Sacchetti in Rom gemalt hatte, dieses Fresko auf dem der Gott des glücklichen Zeitpunkts die extrem verschobenen Hebel einer Waage auf seinem Rasiermesser balanciert.

Auf einmal aber schoss mir etwas ganz anderes durch den Kopf. Konnte es sein, dass der Mann im Hotel, SportyHairyHunky, alias Dr. Schindler, selbst Schicksal gespielt haben könnte? Und jetzt ratterte es in meinem Kopf wie in einer vordigitalen Rechenmaschine, während mein Hirn alle Möglichkeiten durchspielte, die hier in Frage kamen. Nein, dachte ich, eine solche Ungeheuerlichkeit war nicht möglich. Alle Voraussetzungen sprachen dagegen. Wenn hier so etwas wie Schicksal im Spiel war, lag dieses Schicksal in mir selbst, in meinem Charakter, in meinen Gewohnheiten, und das Übrige tat das Internet, das die Welt in ein Dorf verwandelt hatte. Ein Witz war allerdings, dass ich mich in meiner alteuropäischen Naivität immer noch über den Zufall wunderte, den das Internet herbeigeführt hatte. Dabei musste mir doch klar sein, dass das, was ich Zufall nannte, kein Zufall war, sondern Ergebnis einer Rechenoperation, eine Kombination all der Spuren, die Carl Schindler und Benedikt Cassens in einem sozialen Netzwerk zurückgelassen hatten, das sich SPLASH! nannte. Und nun durchfuhr mich ein leichter Schreck, da nun doch wieder so etwas wie Schicksal ins Spiel kam. War es nicht so, dass wir uns im Global Gay Village zwangsläufig einmal begegnen mussten, unvermeidlich, unumgänglich, unentrinnbar? Ich bei meiner Lebensweise und Carl Schindler bei seiner, bei unseren sexuellen Vorlieben, die in unseren Profiltexten doch exakt beschrieben waren? Ja, der Computer musste nur bestimmte Daten miteinander in

Beziehung setzen und schon machte es KLICK. Und dann bedurfte es nur einer Reise zu einem Kongress nach Hamburg, um aus einem virtuellen Kontakt einen realen zu machen. Nichts war natürlicher als das.

Wenn es auch natürlich war, die Einsicht nahm mir nichts von meiner Erregung. In dieser Nacht würde ich noch lange nicht schlafen können, das war mir vollkommen klar. Ich nahm eine Jacke und ging nach draußen. Ohne zu wissen, wohin ich wollte, stand ich nach kurzer Zeit an einem Aussichtspunkt hoch über der Elbe. Seit meiner Kindheit war ich unzählige Male hier gewesen, noch nie aber, wie jetzt, nachts um eins.

Vor dem Kai auf der gegenüberliegenden Seite des Flusses lagen mehrere Schiffe in einem Wasser, das schwarz war wie der Teer auf Mishima I. Darüber erhob sich eine bizarre Landschaft aus unzähligen Containern und Riesenkränen, eingetaucht in das unstete Licht der Hebebühnen und der zahlreichen Fahrzeuge, die zwischen den Containern und den Kränen hin und her liefen.

Bald kam es mir vor, als hätte ich die Szene schon im Kino gesehen. Vielleicht war es eine Eingangssequenz eines amerikanischen Thrillers mit Anthony Hopkins. Da aber war alles in eine unheimliche Lautlosigkeit getaucht, während hier, wo der Reichtum Hamburgs erwirtschaftet wurde, der Lärm auch nachts um halb zwei nicht nachließ, vor allem nicht das gewaltige Dröhnen, das immer wieder zu hören war und das selbst auf dieser Seite der Elbe noch den Boden erschütterte.

Über einen abschüssigen Weg und mehrere Treppen kam ich in einen kleinen Ort am Elbufer, der mitten in der Stadt seinen dörflichen Charakter bewahrt hatte. Einst war dies eine Fischersiedlung, die später von Lotsen und Kapitänen bewohnt worden war. Heute Nacht trieb der Wind den Lärm des Hafens genau in diese Richtung, und so war es hier, wo viele Menschen Nachtruhe suchten, kaum anders als in einer Fabrikhalle, in der gewaltige Maschinen liefen. Dabei war das, was ich sah, die reine Idylle. Im Licht des gegenüberliegenden Hafens lag die Perlenkette der weißen Häuser am Fuße des Elbhangs, der hier wie ein schön geschwungener Gebirgszug aufstieg. Vor den Häusern breiteten sich Gärten aus, die wie Balkons voller Rosen und Rittersporn über dem hellen, weiten Strand hingen. Und dort, wo der Strand sich senkte, floss die Elbe.

Auf dem Hauptweg der Ortschaft war der Fluss kaum zu hören gewesen, zu stark war der Lärm, der vom Hafen herüberdrang. Erst jetzt, da ich über den Strand ans Ufer lief, hörte ich das schrille Geschrei der Möwen, erst jetzt schlug mir das Rauschen ungeheurer Wassermassen entgegen, denn die Flut war hoch aufgelaufen, und die Nordsee drückte ihr Wasser so ungestüm herein, dass es aussah, als flösse der Fluss in die falsche Richtung, nach Osten, der Quelle entgegen.

Ich wusste nicht, was es war, aber irgendetwas trieb mich nach Westen. Als ich spürte, wie mühsam ich im aufgewühlten Sand vorankam, stieg ich über eine Treppe in den Ort hinauf und folgte dem gepflasterten Weg, der zwischen den Gärten und den Häusern hindurchlief. Bald lag das letzte Haus hinter mir. Und auf einmal wurde mir klar, was ich hier wollte. Ich suchte den „Alten Schweden“, der jetzt aus dem Dunkel der Nacht auftauchte. Das war ein riesiger Felsbrocken, ein über vier Meter hoher, fast acht mal fünf Meter breiter Koloss aus grauem Granit, den man bei Baggerarbeiten zur Vertiefung der Fahrrinne ausgegraben und auf diesem Teil des Elbstrands abgelegt hatte, ein Stück Natur von gewaltigem Gewicht, das eine weite Reise hinter sich hatte. Gletscher der Eiszeit hatten den Findling vor vielen Tausend Jahren von Schweden hierhergeschoben. Millimeter für Millimeter. Über eine Strecke von mehr als tausend Kilometern hinweg. Als mir dieses doch eigentlich unfassbare Geschehen jetzt wieder bewusst wurde, setzte ich mich in den Sand, lehnte mich an den Felsen und sah auf den flussaufwärts fließenden Strom.

Wieder sah ich die Augen des Mannes im Türspalt vor mir, hörte auch dessen Stimme wieder. In seinem weichen Wienerisch hatte er gesagt: „Ich denk, des brauchst du noch.“ „Des“ mit langgezogenem E und scharfem S. Und der Klang dieser Wörter riss mich in einen Strudel von Erinnerungen, aus dem ich erst nach Stunden wieder auftauchte.

Aber was ist Erinnerung? Warum vergessen wir Dinge, die wir gern in unserem Bewusstsein aufbewahrt hätten? Warum ist auf manche Erinnerung kein Verlass? Warum aber, wie gerade in diesem Moment, spült der Strom der Erinnerung Dinge in solcher Fülle ins Bewusstsein, mit Einzelheiten, die mir damals, als ich sie erlebte, belanglos erschienen? Niemand soll mich fragen, warum ein Klang ausreichte, alles lebendig zu machen, was mit dem Wien der siebziger und achtziger Jahre zu tun hatte. Na ja, vielleicht nur fast alles. Aber doch auch die lächerlichsten Details. Und warum erinnerte ich mich gerade jetzt daran, jetzt, da mir immer noch in den Ohren hing „Ich denk, des brauchst du noch“?

***

Ja, das war Wien. Aber mein Gedächtnis sagte mir gerade nicht, in welchem Jahr ich das erste Mal nach Wien kam. Wahrscheinlich war es im Sommer 1971. Ich hatte in Hamburg Geschichte und Geographie studiert, danach mein Staatsexamen gemacht. Damals wusste ich nicht, was ich damit anfangen sollte. Lehrer zu werden, wie der Professor es wünschte, kam auf keinen Fall in Frage. In den Jahren in Hamburg hatte ich nebenbei Kunstgeschichte studiert, und allmählich wurde mir klar, dass ich in diesem Fach meine Zukunft finden würde. So war ich mit meinem Kommilitonen und Freund Oskar nach Wien gefahren, um zu sondieren, wie ein Studium der Kunstgeschichte an der Wiener Universität aussehen könnte.

Wir waren in einer „Ente" unterwegs, meinem klapperigen Citroen 2CV, der auf der langen Strecke mehrmals den Geist aufzugeben schien. Am schlimmsten war es, als in einem gewaltigen Gewitterregen auf der Autobahn kurz nach Salzburg die Scheibenwischer versagten und wir einen halben Tag nicht weiterfahren konnten. Als der Regen nachließ, übernachteten wir bei einem Bauern in einem uralten Ehebett. Aus den Erzählungen der Bäuerin beim Frühstück am nächsten Morgen konnten wir schließen, dass in diesem Bett die Großmutter vor ein paar Tagen gestorben war. Oskar hielt es für kein gutes Omen. Trotzdem kamen wir mit unserer „Ente" an diesem schönen Tag problemlos nach Wien.

Oskar kannte Wien von längeren Aufenthalten, und er hatte Freunde in der Stadt. In der Wohnung eines Regisseurs, der in dieser Zeit beim Festival d'Avignon ein Stück inszenierte, fanden wir Unterkunft. Es war eine Wohnung, die dieser Mann für seine Bedürfnisse ausgebaut hatte, und sie war, verglichen mit den anderen Wohnungen des Hauses, luxuriös. Die im Dachgeschoss gelegene Wohnung hatte Toilette und Bad innerhalb der Wohnung, während die anderen Wohnungen kein Bad und nur Gemeinschaftstoiletten auf dem Treppenabsatz hatten.

Bald waren wir unbeliebt in diesem Haus. Wir hatten Freunde, die die Angewohnheit hatten, fast jeden Abend mit dem Auto zum Heurigen in die Weindörfer zu fahren. Spät am Abend fuhren wir unter geschickter Umgehung jeder Polizeikontrolle ziemlich betrunken zurück. Bei uns wurde dann oft noch weiter gesoffen, manchmal bis spät in die Nacht, was andere Mieter immer wieder dazu brachte, wegen Lärmbelästigung die Polizei zu holen.

Das Schlimmste aber passierte erst am Ende unseres Aufenthalts in Wien. Wir waren ein paar Tage nicht zu Hause gewesen, hatten mit unserer inzwischen angewachsenen Clique einen Freund auf dem Weingut seiner Familie im Burgenland besucht. Als wir am Sonntagabend zurückkamen, klingelte es bei uns. Vor der Tür stand der Mieter aus der Wohnung unter uns. Ruhig, aber mit kalter Wut bat er uns, doch einmal in seine Wohnung zu kommen. Er und seine Frau waren an diesem Wochenende ebenfalls nicht zu Hause gewesen. Jetzt standen sie schockiert in ihrer Küche. Genau da, wo sie ihre Vorräte hatten, Mehl, Zucker, Salz, Hülsenfrüchte, Seifenpulver, war von oben her drei Tage lang Wasser heruntergelaufen. Alle Papiertüten hatten sich aufgelöst, alles war verdorben, alles schwamm in einer weißlichen Soße auf dem Küchenboden. Einer von uns, entweder Oskar oder ich, hatte im Badezimmer den Hahn an der Wanne nicht fest genug zugedreht. So war ein Rinnsal von Wasser aus dem Duschkopf an einer undichten Stelle zwischen Badewanne und Wand fast drei Tage lang nach unten durchgelaufen. Und wie sich herausstellte, hatten auch noch andere Mieter einen Wasserschaden. Kein Wunder, dass uns keiner mehr grüßte und alle froh waren, als wir abreisten.

Warum erinnerte ich mich so genau an all diese Details, die ich längst vergessen glaubte? Warum drängten sie jetzt in mein Gehirn, hier auf diesem Strand, angelehnt an den „Alten Schweden“, achthundert Kilometer von Wien entfernt? Es war so, weil damals in Wien ein Mädchen zur Clique gestoßen war. Nach unserer Rückkehr aus dem Burgenland an diesem schrecklichen Sonntagabend war auch sie noch mit in die Wohnung gekommen. Sie hatte den geschädigten Mietern gesagt, sie würde sich um die Schadensabwicklung kümmern, da Oskar und ich in den nächsten Tagen abreisen müssten. Das Mädchen hieß Christiane Schindler.

Christiane war neunzehn, als ich sie zum ersten Mal sah. Sie hatte die Matura hinter sich und wollte Kunstgeschichte studieren. In dem Jahr, in dem ich nach Wien kam, um Kunstgeschichte zu studieren, begann sie ein Studium der Agrarwissenschaften. Die Sache mit der Kunstgeschichte hatte sich für sie erledigt, weil sie mir nicht in die Quere kommen wollte.

Das Milieu, aus dem sie kam, hatte mich zunächst eingeschüchtert. Christiane lebte mit ihren Eltern in Wien-Hütteldorf am Abhang des Wiener Walds in einer Villa, die der Architekt Otto Wagner um 1900 herum für die Familie der Mutter gebaut hatte. Ihr Vater, Professor Dr. Eduard Schindler, Dekan der rechtswissenschaftlichen Fakultät, galt an der Uni als eine bei Kollegen und Studenten gefürchtete Persönlichkeit. Innerhalb der Familie aber war er der liebevolle Papa seiner Tochter und ein Ehemann, der das Regiment gern seiner Frau überließ, einem temperamentvollen und charmanten Wesen, das aus einer in Österreich und Ungarn berühmten adeligen Familie stammte. Wie alle österreichischen Adeligen hatte auch diese Familie 1919 sämtliche Titel verloren, war aber, trotz der Sozialisierung ihres Grundbesitzes in Ungarn und der Tschechoslowakei, immer noch enorm reich, und einige Mitglieder des Clans zogen im Hintergrund der österreichischen Politik ihre Fäden.

Christiane ähnelte ein wenig dem britischen Model Twiggy, dessen dünne, extrem schmale Figur in den sechziger Jahren vom amerikanischen Vogue Magazine zum perfekten Körper der Zeit erklärt worden war. Wie Twiggy trug Christiane einen blonden Bubikopf und wie Twiggy schaute sie mit großen Babyaugen in die Welt. Auf den ersten Blick wirkte sie wie ein hübsches, blondes Dummchen. Aber wehe dem, der sie unterschätzte. Diejenigen, die sie verkannten, konnte sie mit der Schnelligkeit ihres Denkens und ihrer furchterregenden Bildung erbarmungslos zur Strecke bringen. Und sie wusste genau, was sie wollte. Es war selbstverständlich, dass eine Meute junger Männer hinter ihr her war, einerseits weil sie vollkommen sexy war, andererseits weil sie als einziges Kind ihrer Eltern ein großes Vermögen erben würde. Sie aber verstand es, alle auf Abstand zu halten. Und groß war die Verwunderung, als sie offen zu zeigen begann, dass sie mich wollte.

Ich fragte mich oft, warum es so war. Damals war ich nicht so selbstbewusst, dass ich mich für unwiderstehlich hielt. Im Gegenteil, ich hatte eine Art Minderwertigkeitskomplex, was mein Aussehen betraf, wunderte mich, dass Frauen mich anziehend fanden. Auch im Falle Christianes wunderte ich mich. Irgendwann kam ich auf den Gedanken, dass dieses hellhäutige, blonde, blauäugige Wesen angezogen wurde von meinen dunklen Haaren, meiner dunklen Haut, meinen schwarzen Augen. Ich glaubte auch zu wissen, warum ich als nordischer Mensch so überraschend dunkel war, glaubte, dass dies das Erbteil meiner Mutter war, vermutlich die Nachfahrin einer Südamerikanerin, die irgendein Kapitän in ferner Vergangenheit von einer Reise mitgebracht hatte. Mit der Theorie, sie habe sich in mich verliebt, weil ich ein so dunkler Typ war, kam ich bei Christiane allerdings nicht weit. Sie lachte laut, als ich es gesagt hatte. Aber dann wurde sie ernst. Am Tag unseres ersten Zusammentreffens sei ihr von einem Augenblick zum anderen klargeworden, dass ich ihr Mann sei. „Das hatte nichts mit schwarzen Augen zu tun. Gott hatte mir einen Wink gegeben. "

Seit dem ersten Sommer meines zweiten Wiener Aufenthalts galten wir in unserer Clique als Paar, was in den siebziger Jahren nicht hieß, dass man schon miteinander schlief. Vor allem nicht im Falle Christianes, die streng katholisch war und beschlossen hatte, „unberührt" in die Ehe zu gehen.

Nachdem wir den Wasserschaden angerichtet hatten, fuhren Oskar und ich nach Hamburg zurück, während Christiane sich um die geschädigten Mieter kümmerte. Zum Wintersemester war ich allerdings wieder in der Stadt. Längst wusste ich, dass die Uni Wien das Zentrum einer neuartigen Kunstwissenschaft war, die damals unter dem Namen kunstwissenschaftlicher Strukturalismus Furore machte. Dessen Methodik machte ich mir schnell und gründlich zu eigen, und nach einigen Semestern fragte mich der Erfinder dieser Methode, der Ordinarius des Lehrstuhls, ob ich sein Assistent werden wolle. Meinen Eltern hatte ich versprochen, dass ich ihnen allenfalls am Anfang meines zweiten Studiums noch auf der Tasche liegen würde. Später würde ich schon alles selbst finanzieren. Und so kam es auch. Neben meiner Assistententätigkeit hatte ich einen Job in den Restaurierungswerkstätten des Wiener Kunsthistorischen Museums, wo ich unschätzbare praktische Erfahrungen sammelte, vor allem zu den Materialien alter Kunst und zur Maltechnik der alten Meister.

Eines Tages riet mir der Ordinarius, ein Jahr nach Florenz zu gehen, dort Italienisch zu lernen, mich vertraut zu machen mit der Kunst Italiens und den Methoden der italienischen Kollegen. Er gab mir den Rat, mich hauptsächlich auf die frühe italienische Malerei zu konzentrieren, die damals noch weitgehend unerforschtes Gebiet war. Für die beiden Semester in Florenz vermittelte er mir ein Stipendium, von dem ich ein Jahr gut leben konnte. Nach der Zeit in Florenz kehrte ich zu meinem Wiener Ordinarius zurück, um bei ihm zu promovieren. Meine Habilitationsschrift legte ich 1976 vor. Es war das Jahr, in dem Christiane an ihrer Fakultät ihren Doktor in Agrarwissenschaften machte. Und in diesem Jahr heirateten Christiane und ich.

Das war nicht so selbstverständlich, wie es später aussah. Christianes Vater wusste lange Zeit nichts. Mich hatte er bisher kaum wahrgenommen, allenfalls als Teil der Clique, die manchmal in die Villa einfiel. Die Sache nahm aber Fahrt auf, als der Ordinarius, wie ich später erfuhr, auf einer Veranstaltung der Uni mit Professor Schindler ins Gespräch kam und bei dieser Gelegenheit sagte: „Der Freund Ihrer Tochter, der hat eine große Karriere vor sich. Der steckt uns alle jetzt schon in die Tasche." Christianes Vater hatte bisher nicht gewusst, dass seine Tochter einen „Freund" hatte. Noch am gleichen Abend stellte er seine Frau zur Rede, die natürlich alles wusste und Christianes Wahl längst akzeptiert hatte. Sie überredete ihren Mann, mich für den nächsten Samstag zum Abendessen einzuladen, und damit begegnete Professor Schindler einem Deutschen. Mit den Deutschen aber, die selbst dieser vornehme, zurückhaltende Mann manchmal Piefkes nannte, hatte er seine Schwierigkeiten. Das Eis schmolz jedoch, als ich mich zu Äußerungen hinreißen ließ, die mir ein wenig windig vorkamen, letztlich aber nichts anderes bedeuteten, als dass ich in Wien leben wollte, in dieser Stadt, die angefüllt war mit den unglaublichsten Bauten und Kunstwerken und der man auf Schritt und Tritt anmerkte, dass sie einmal der Mittelpunkt des Heiligen Römischen Reiches deutscher Nation gewesen war. Auf dieser Abendgesellschaft bei den Schindlers sagte ich: „Wie Brahms bin ich als Hamburger geboren. Und wie Brahms werde ich als Wiener sterben." Und so gab Professor Schindler, der, wie ich längst wusste, ein großer Musikfreund war, seine Tochter dem Deutschen.

Allerdings bestand mein künftiger Schwiegervater darauf, dass ich vor der Hochzeit katholisch wurde. Wenn er gedacht hatte, dass ich damit ein Problem haben würde, irrte er. Ich war lutherisch getauft und konfirmiert, doch das war für mich ohne Bedeutung. Mit dem Katholizismus aber, vor allem mit dessen Dogmengebäude und Heiligenkult, war ich wegen der permanenten Beschäftigung mit mittelalterlicher Kunst vollkommen vertraut, was immer wieder Staunen hervorrief. Auch Pater Anselm, der den Konvertitenunterricht erteilte, staunte nicht wenig über meine Kenntnisse. Nach Abschluss des Unterrichts gab er mir allerdings zu verstehen, dass er mich eigentlich zurückweisen müsse. Der Familie Schindler zuliebe wolle er die Komödie aber mitspielen.

Christiane und ihre Mutter begannen die Hochzeit zu planen, und es zeigte sich, dass Christiane sehr klare Vorstellungen hatte, wie alles ablaufen sollte. Sie wollte kein großes Fest, zu dem alle Mitglieder ihrer zahlreichen und verzweigten Verwandtschaft anreisen würden. Sie wusste, dass nur meine Eltern, Erika und Manfred nach Wien kommen konnten. So sollten auch von ihrer Seite nur wenige, nur die engsten Verwandten und Freunde eingeladen werden. Die Hochzeit sollte in einem im Wiener Wald gelegenen Schlosshotel gefeiert werden. Gegen Mittag sollte in der barocken Kapelle dieses ehemaligen Adelssitzes die Brautmesse stattfinden, die Wiens Erzbischof zelebrieren sollte. Darunter machte Christiane es nicht. Sie wollte unbedingt von diesem sympathischen Kirchenfürsten getraut werden. Und da Kardinal König ihrer Mutter einen Gefallen tun wollte, hatte er längst zugesagt. Nach der Messe würde es ein festliches Mittagessen geben und am Nachmittag eine „Jause", in diesem Fall nach deutscher Art mit Kaffee und Kuchen. Danach sollten sich die Gäste verabschieden und die Eheleute in ihren Räumen allein lassen. Das eigenwillige Programm erklärte sie mir so: „Ich will meine Hochzeitsnacht nicht mit einem Mann verbringen, der, wie es meist nach einem großen Ball der Fall ist, abgefüllt ist mit Alkohol. Wir werden unsere Gäste nach dem Kaffee in nüchternem Zustand verabschieden. Vielleicht werden wir danach noch ein wenig spazieren gehen, dann werden wir uns zurückziehen, und du wirst mich so bekommen, wie du es willst. Und ich werde dich bekommen, wie ich es will. Danach werden wir einschlafen und vielleicht davon träumen, ein Kind gezeugt zu haben. Und wir werden uns jede Nacht so lieben wie in unserer ersten Nacht. Das wird so sein, bis ans Ende unserer Tage." Den Schluss ihrer Rede fand ich so peinlich, dass mir ein „Amen" herausrutschte, wobei ich fürchtete, sie könnte es als Ironie auffassen. Sie tat es aber nicht. Trotz ihrer großen Intelligenz war sie in den Dingen, die unsere Beziehung betrafen, weitgehend naiv.

Der Tag unserer Hochzeit verlief, wie Christiane ihn geplant hatte. Manfred reiste noch am Abend des gleichen Tages mit dem Nachtzug nach Deutschland zurück. Wien, Österreich interessierten ihn „nicht die Bohne", wie er sagte, vor allem nicht meine neue Verwandtschaft, für die er nur Verachtung übrig hatte. Und jetzt noch, hier am Ufer der Elbe, musste ich grinsen, als ich daran dachte, dass Manfred damals so etwas wie ein Kommunist gewesen war, der es kaum aushielt, mit einem Kardinal an einem Tisch sitzen zu müssen. Meine Eltern und Erika blieben noch eine Woche als Gäste in der Villa der Schindlers. Christiane und ich aber fuhren schon am Tag nach der Hochzeit vom Wiener Westbahnhof aus über München nach Spanien, machten also eine lange Reise. Über Barcelona und Madrid kamen wir nach Sevilla, wo Christiane Verwandte hatte. Diese besaßen in Sevilla einen spätgotischen Stadtpalast und in der Nähe der Stadt ein ausgedehntes Landgut, wo Christiane und ich die meiste Zeit verbrachten und wo ich zu meiner eigenen und zu Christianes Überraschung reiten lernte.

Für einen Vetter Christianes und dessen Frau war es, wie sie sagten, „eine Ehre", uns auf einer Rundreise durch Andalusien zu begleiten. So besuchten wir zu viert Cadiz, Medina Sidonia, Ronda, Granada und kamen schließlich an einem Abend nach Cordoba. Hier blieben wir drei Tage, die mit Besichtigungen angefüllt waren, vor allem mit dem Besuch der großen Moschee, der Mezquita, diesem Wunderwerk islamischer Baukunst, das die Christen nach der Eroberung der Stadt zur Kathedrale gemacht hatten. In den anderen andalusischen Städten waren wir Gäste bei Verwandten Christianes gewesen. In Cordoba aber stiegen wir in einem Hotel ab. Hier gab es keine Verwandtschaft.

An einem Vormittag hatte unsere kleine Gruppe die Ruinenstadt von Madinat az-Zahra außerhalb der Stadt Cordoba besichtigt. Hier war es so heiß gewesen, dass Christiane völlig erschöpft war und nach dem Mittagessen nur noch ins Bett wollte. Auch die beiden anderen sehnten sich nach ein paar Stunden Siesta. Klar, sie waren Spanier und kannten nichts anderes. Ich aber sagte, dass ich noch nicht genug gesehen hätte und ich noch einmal los wolle, um die Viertel im Norden der Stadt zu sehen. Morgen würden wir abreisen, und so schnell würde ich hier ja nicht mehr herkommen. Die anderen fanden es verrückt, bei vierzig Grad im Schatten durch die Stadt zu laufen, ließen mich aber gewähren. Ich zog leichte Sachen an, hängte meinen Fotoapparat über die Schulter und verließ das Hotel. Vorher hatte ich noch gesehen, dass Christiane aufs Bett gefallen und sofort eingeschlafen war.

In der mörderischen Mittagshitze traf ich auf den Straßen der Stadt kaum einen Menschen. Und auch mir war nicht danach, durch die Stadt zu streifen, vor allem nicht durch die nördlichen Viertel. Mich zog es in den Süden der Stadt, zu der großen Brücke, die mit ihren sechzehn weitgespannten Bögen über den im Sommer fast ausgetrockneten Guadalquivir führt. Schon am Vortag hatte ich beobachtet, dass hier Scharen von halbwüchsigen Jungen auf dem steinernen Brückengeländer saßen und zusahen, wie die Mutigsten von ihnen immer wieder in ein Wasserloch sprangen, das mindestens zehn Meter unter einem Brückenbogen lag. Ich hatte auch gesehen, dass einigen der Jungs beim Kopfsprung die leichten, viel zu weiten Turnhosen wegrutschten, dass sie nackt aus dem Wasser kamen und die klatschnassen Hosen erst am Ufer wieder über ihren nackten Arsch zogen. Die anderen Jungs schien dies nur zu amüsieren. Sie kommentierten es mit lautem Gelächter und Geschrei.

Nun stand ich hier, und ich spürte sofort, wie sehr mich das Schauspiel erregte. Irgendwann kam ich mir peinlich vor, wie ich die Jungs anstarrte, und ich versuchte mich zu retten. Ich ging auf dem Uferweg ein Stück flussabwärts und bald stand ich am Fuße der alten Stadtbefestigung. Hier gab es Schatten, hier würde ich mich beruhigen. Dachte ich.

Während die Jungs in der Ferne immer noch ins Wasser sprangen, streifte mein Blick über den Fluss, zwischen dessen flachen Wasserläufen es Sandbänke und grüne Inseln gab. Auf den Inseln grasten Kühe, und auf den Sandbänken sah ich Männer in Badehosen. Es dauerte nicht lange, bis einer von ihnen zu mir herüberkam und sich in meiner Nähe auf die Uferböschung setzte. Ab und zu sah er zu mir her, und ich begriff nicht, was dieser etwa dreißigjährige, sehr behaarte Mann wollte. Kurz streifte mich der Gedanke, er habe es auf meinen teuren Fotoapparat abgesehen. So ging ich weiter flussabwärts. Als ich einmal zurückblickte, sah ich, dass er aufstand. Während er mich fest im Blick behielt, überquerte er den Uferweg, und verschwand in einer der Höhlen, die es am Fuße der hohen, sehr dicken Mauern gab. Erst allmählich dämmerte mir, was ich tun musste, und fand mich, schneller als geahnt, vor dem Höhleneingang wieder. Als meine Augen sich an das Dunkel gewöhnt hatten, sah ich den Mann, der seine Badehose heruntergezogen hatte und sich an seinem Schwanz zu schaffen machte. Groß war meine Angst, als ich zu ihm hinging, größer noch meine Überraschung, als ich sah, was er tat. Er warf sich vor mir auf die Knie und riss den Reißverschluss meiner Hose auf. Und nun machte er, was ich noch nicht erlebt hatte, was ich nicht einmal zu träumen gewagt hatte und was in einen gigantischen Orgasmus mündete. Noch während der Mann schluckte, sprang er auf, lachte und rief: „Qué cantidad! Minimo medio litro!" Dann kam auch er. Schnell zog er seine Badehose hoch und verschwand, nachdem er mir noch freundschaftlich auf die Schulter geklopft hatte. Ich brauchte lange, bis ich wieder zu mir kam. Viel länger brauchte ich, bis ich aus dem Dunkel der Höhle heraustreten und mich auf den Weg zum Hotel machen konnte.

Jetzt, in dieser Sommernacht des Jahres 2014, hier am Ufer der Elbe, dachte ich: Wenn ich und dieser Mann damals, 1976, von der Guardia Civil erwischt worden wären, hätte es noch einen ganz anderen Skandal gegeben als den, der später folgen sollte. Diese Sache war nach Francos Tod passiert, aber die spanische Polizei wütete auch 1976 noch genau so brutal wie unter der Herrschaft des Diktators, und mit Sicherheit wäre ich in einem der berüchtigten Gefängnisse dieses zumindest noch halbfaschistischen Staates verschwunden. Ich fragte mich, wie die arme Christiane wohl darauf reagiert hätte.

Fünfzehn Tage nach meinem ersten Sex mit einem homosexuellen Mann waren Christiane und ich wieder in Wien. Und es begann eine anstrengende Zeit, denn „ganz Wien“ hatte offenbar den Wunsch, Glück- und Segenswünsche zu überbringen. Christianes Mutter managte alles genauso großartig, wie sie die Wohnung der Frischvermählten im rechten Seitenflügel der Villa während unserer Abwesenheit eingerichtet hatte. Ich brauchte nichts zu tun. Ich kam in ein gemachtes Nest, und es freute mich, dass Christiane sich freute.

Bald begann das Wintersemester, und ich bekam wieder etwas zu tun, etwas, was mich wirklich freute. Ich hatte den Eindruck, dass die Studenten gern in meine Vorlesungen kamen, und irgendwann stellte ich fest, dass auch Studenten anderer Fakultäten im Hörsaal saßen.

Eines Tages bat mich der Ordinarius in sein Büro. Er dankte mir erst einmal für meine Arbeit am Institut. Dann berichtete er, dass in München demnächst der Lehrstuhl für Allgemeine Kunstgeschichte frei würde, und anscheinend sei ich bereits der Wunschkandidat der verantwortlichen Gremien. Er sei sich sogar sicher, dass auch der Bayerische Kultusminister meine Bewerbung unterstützen würde. So bewarb ich mich, und schneller als gedacht, hatte ich die Stelle.

Christianes Vater frotzelte ein wenig, als ich ihm mitteilte, dass ich nach München berufen sei: „Na, dann wird es wohl doch nichts mit dem Sterben in Wien, mein lieber Herr Schwiegersohn.“

„Noch ist nicht aller Tage Abend, mein lieber Herr Schwiegerpapa, das kommt schon noch. Auch in Wien wird irgendwann eine Stelle frei.“

Im Sommer 1978 zogen wir nach München. Wir fanden ein Haus in der Nähe des Englischen Gartens, und zum Wintersemester begann ich meinen Dienst am Institut für Kunstgeschichte der Universität München.

Inzwischen war Christiane schwanger, und sie gebar im Dezember 1978 ihr erstes Kind. Es war ein Junge, der auf den Namen Paul getauft wurde. Im Spätsommer des Jahres 1980 war Christiane wieder schwanger, und das Kind, das am 3. Mai 1981 geboren wurde, war wieder ein Junge. Und den nannten wir Carl. Es war der Gleichklang im Anlaut, der uns auf diesen Namen kommen ließ. Carl Cassens. Wie schön das klang.

Mit der Geburt ihrer Kinder hatte Christiane ihre Bestimmung gefunden. Sie war jetzt in erster Linie Mutter, und diese Rolle füllte sie mit Umsicht, Freude und großem Stolz aus. Aber ich sah mit Sorge, dass die Kinder sie isolierten. Außer mir gab es in der Stadt niemanden, mit dem sie sich austauschen konnte. Erst nach langer Zeit lernte sie eine Frau kennen, mit der sie sich ein wenig anfreundete. Es war Renate, die Frau des Direktors eines Münchner Museums. Ich sagte manchmal „deine Busenfreundin", denn Renate hatte einen auffällig großen Busen, und damit war sie der vollkommene Kontrast zu Christiane, deren Twiggy-Busen auch nach der Geburt ihrer Kinder nicht größer geworden war. Ich mochte Renate. Sie brachte mich oft zum Lachen mit ihren Erzählungen über die Münchner. Hier erfuhr ich den Klatsch, der mir, dem Neuling in der Stadt, Informationen verschaffte, die ich nutzen konnte. Denn ich war überzeugt, dass ich der damals verstaubt wirkenden Kunstszene Münchens eine neue Richtung geben könnte. Und es dauerte nicht lange, bis ich Verbündete hatte und feststellen konnte, wie offen die Münchner für meine Vorstellungen waren.

Leider zog Christiane nicht mit. Ihr war es vollkommen egal, wie die Münchner Kunstszene organisiert war, wie ihr auch egal war, was ich an der Universität oder sonstwo tat. Inzwischen wusste jeder, der mit ihr zu tun hatte, dass sie München hasste. Ihrer Meinung nach wirkten die Münchner wie ungehobelte Emporkömmlinge. Ordinär und arrogant seien sie, auf schamlose Weise äußerlich, ganz anderes als die Menschen in Wien, wo ein uralter Adel die Umgangsformen geprägt habe. In München könne sie nicht leben. Sie wolle raus aus der Stadt. Das Umland sei schön, die Menschen freundlich und von unmittelbarer Herzlichkeit.

Also beschlossen wir, ein Haus auf dem Land zu bauen. Wir fanden einen Bauplatz in der Nähe des Starnberger Sees, und Christianes Eltern bezahlten alles, das Grundstück und den Bau des großen Hauses im alpenländischen Stil, auch den aufwändigen Anschluss des abseits vom Dorf gelegenen Hauses an Wasserversorgung und Kanalisation. Ende Februar 1983 begann der Bau, und zwar mit Hochdruck. Im August war das Haus fast fertig.

Christiane freute sich, wenn wir in diesen Wochen strahlenden Sonnenscheins schon einmal ein Wochenende auf dem Land verbringen konnten. Ich hatte dafür gesorgt, dass zwei Zimmer im oberen Stockwerk halbwegs bewohnbar waren, hatte Betten und Bettzeug gekauft, sodass wir hier schon schlafen konnten. In der unteren Etage gab es noch keine Möbel, nur in der Küche standen Tisch und Stühle, auch ein provisorischer Herd. Gerade der unfertige Zustand des Hauses hatte für Christiane etwas Romantisches, und es machte sie glücklich, mit den Kindern in der freien Natur herumzulaufen, Kühe und Pferde auf der Weide zu beobachten, barfuß in den Mühlbach zu gehen und zu lachen, wenn die Kleinen sich in ihrer tollpatschigen Art nass spritzten und ins flache Wasser fielen. Sie wusste, hier würde es ihr gefallen, zumal das Haus so groß war, dass auch ihre Eltern und die Wiener Freunde sich hier wohlfühlen würden. Außerdem erwartete sie, dass ich auf dem Land viel gelöster wäre als in der Stadt, wo ich immer nur an meine Arbeit dachte, auf der Straße überall meinen Studenten oder Leuten aus der Kunstszene begegnete, zu Hause permanent Anrufe bekam, oft genug aus Italien und dann am Telefon stundenlang Italienisch redete, was Christiane regelmäßig auf die Palme brachte. Auf dem Land gab es erst einmal kein Telefon.

Ich hatte mich inzwischen daran gewöhnt, auf der Baustelle mitzuhelfen, nicht alles den Handwerkern zu überlassen, und bald schaffte ich die Strecke mit dem Auto in weniger als einer halben Stunde. An einem Donnerstagmorgen sagte ich zu Christiane, dass ich auch heute wieder „ins Haus“ fahren würde. Dort lägen ja immer noch große Erdhaufen herum, die planiert werden müssten. Ich wusste, dass Christiane erst einmal nicht mitkommen konnte, weil die beiden Kleinen am Freitagnachmittag einen Untersuchungstermin beim Arzt hatten. Ich hatte versprochen, am Freitagabend nach München zu kommen, um alle zu holen. Christiane redete dann aber mit Renate, der sie das Haus gern einmal zeigen wollte, und die Frauen kamen überein, dass Christiane und die Kinder mit Renate fahren würden, allerdings erst am Samstagvormittag.

Während ich die Karre schob und die Erdhaufen schneller kleiner wurden, als ich gedacht hatte, fragte ich mich, was ich hier tat. Sicher, das große Haus und der Garten, der hier entstand, waren so etwas wie das Paradies, und dieses Paradies kostete mich nichts. Aber genau da lag mein Problem. Ich kam hierher, um mich ein wenig nützlich zu machen, einen Eigenanteil zu leisten an dem, was die Schindlers bezahlten. Doch bei Licht betrachtet war es vollkommen unwichtig, ob ich es tat oder unterließ. Wahrscheinlich lächelte Christiane sogar darüber, wie sie über vieles lächelte, was ich, dieser unverbesserliche Kleinbürger, tat. Sie, die inzwischen wieder schwanger war, hatte mich in ihr Leben eingebaut wie ein Mechaniker ein Bauteil in eine Maschine einbaut, und sie war sich sicher, dass diese Maschine, gut geschmiert mit dem Geld ihrer Eltern, funktionieren würde „bis ans Ende unserer Tage“.

Wie so oft in der letzten Zeit erschrak ich auch jetzt wieder bei dem Gedanken, dass ich mit siebenunddreißig Jahren in einer tiefen Krise steckte. Was aber konnte ich mit dieser Erkenntnis anfangen? Wem konnte ich mich anvertrauen, und wer konnte mir sagen, was ich tun sollte? Und was hatte ich in Gedanken nicht alles schon durchgespielt? Ich mochte nicht daran denken, so peinlich war es. Nein, ich würde nicht weggehen, ohne mich zu verabschieden, ohne Abschiedsbrief. Ich würde nicht davonlaufen, alles hinter mir lassen. Niemals. Niemals würde ich meine geliebten Kinder verlassen. Wenn ich es täte, würden sie aufwachsen voller Verachtung für mich, bei einer Mutter, die ich verlassen hatte. Gerade jetzt stand mir vor Augen, wie die beiden Kleinen guckten, als ich mich heute morgen von ihnen verabschiedet hatte. Wie der unfassbar süße kleine Paul im weißen Hemd rittlings auf seinem Stühlchen saß, die Augen mürrisch und den Mund verzogen, als wolle er mich dafür bestrafen, dass ich wegging. Wie Carl, der nichts begriff, mich strahlend anlächelte, während er mit den pummeligen Armen und seinen kleinen rosa Händchen tollpatschig in der Luft ruderte …

Plötzlich ertappte ich mich dabei, dass ich stehengeblieben war, nachdem ich eine Schubkarre voller Sand ausgekippt hatte. Lange stand ich da ohne etwas zu tun, lächelnd, in Gedanken an die beiden fröhlichen und glücklichen Wesen, die meine Söhne waren. Nein, niemals würde ich sie verlassen. Was aber sollte ich tun in dieser Krise, in der Christiane mir längst unerträglich geworden war?

Am Freitagmittag verabschiedeten sich die Handwerker in ein langes Wochenende. Stunden später hörte auch ich auf zu arbeiten, duschte und legte mich aufs Bett im künftigen Elternschlafzimmer. Vielleicht hatte ich mir zu viel zugemutet. Bald aber fühlte ich mich ausgeruht. Ich schloss das Haus ab und machte mich auf den Weg ins Dorf, das auf einer Anhöhe lag. Ich hatte Lust auf ein Bier. Längst wusste ich, dass es am Dorfplatz gegenüber der Kirche einen Biergarten gab. Da ging ich jetzt hin. An diesem Abend, dem Vorabend von Mariä Himmelfahrt, war hier Hochbetrieb, und es war schwer, einen Platz zu finden. Ich holte mir am Ausschank eine Mass und lief eine Zeitlang zwischen den Tischen umher. Dann sah ich, dass am Ende eines langen Tisches noch etwas frei war.

„Grüß Gott miteinander“, sagte ich zu den Leuten am Tisch.

„Servus", „Grüß Gott", „Hallo", sagten die Leute.

„Ist da noch Platz?"

„Setz'n's sich her", „Setz di halt her".

Ich setzte mich, hob meinen Bierkrug. „Prost. Zum Wohl."

Auch die Leute prosteten mir zu. Danach gab es eine Pause, in der mich alle anstarrten. Einer sagte schließlich: „San Sie net der Professor, der sich dös Haus do unt'n baut?"

Andere fragten untereinander: „Wer is dös?", „Wo nochert?"

Einige wussten es: „A Professer", „Na unt'n, ne'hm da Mühln", „Do am Mühlbach", „Dös große Haus do." Die Leute am anderen Ende des Tischs steckten die Köpfe zusammen und tuschelten, einige, die in meiner Nähe saßen, schauten mich an.

„Ja, das bin ich. Wir sind aus München."

„A scheans Haus. Und recht groß weads, ha?"

„Ja, es ist ein schönes Haus geworden."

„Sand's vui?"

„Wir sind zu viert. Meine Frau und ich. Und die beiden Kleinen."

„Aha. Zwoa."

„Ja, zwei Söhne."

„Aha. Wia oid san's nochert. Deine Buam."

„Vier und zwei Jahre."

„No hobt's no a oabat."

„Ja, die machen noch ziemlich viel Arbeit. Aber die hat hauptsächlich meine Frau", sagte ich und lachte.

Auch andere lachten.

„Und wia weit bist mit Dei'm Haus?"

„Es ist fast fertig. Gerade wird unten der Fußboden gelegt. Morgen kommt meine Frau mit den Kindern. Wir verbringen das Wochenende hier."

Danach setzten die Leute ihr Gespräch fort, das ich unterbrochen hatte, und da ich deren Bayerisch kaum verstand, wandte ich mich dem jungen Burschen zu, der mir in bayerischer Tracht gegenübersaß. Bisher hatte er nichts gesagt. Jetzt stellte er sich vor, wobei er halb aufstand und mir über den Tisch hinweg die Hand gab. Bald wusste ich, dass Rudi in München katholische Theologie studierte und die Semesterferien auf dem Bauernhof seiner Eltern im Nachbardorf verbrachte. Und Rudi wollte wissen, „was für ein Professor" ich denn sei. Der ironische Tonfall seiner Frage brachte mich dazu, ihn ein wenig zu provozieren: Im Fach Kunstgeschichte werde zwar ebenso viel geschwafelt wie in der Theologie, die Kunstwissenschaft sei aber doch um einiges exakter als die Gotteswissenschaft, die als einzige aller Universitätsdisziplinen ihren Gegenstand nicht einmal nachweisen könne. Als ich sah, wie intelligent und mit welchem Witz er parierte, kam ich mir vor wie ein Idiot.

Nachdem ich für Rudi und mich noch zweimal eine Mass geholt hatte, diskutierten wir ziemlich verwegen über das morgen anstehende Fest Mariä Himmelfahrt, vor allem über das dahinterstehende Dogma mit seiner (auch Rudis Meinung nach) haarsträubenden theologischen Begründung. Er wunderte sich über meine Kenntnisse und fragte, woher ich das alles wisse, das sei doch nicht mein Fachgebiet. Ich sagte, ich sei nebenbei auch ein Theologe, aber ein atheistischer. Rudi lachte. „Da sind Sie nicht der einzige. Ich kenne nur einen Theologen, der wirklich an Gott glaubt, und das ist mein Vater. Aber der lehrt an keiner Universität. Der ist Bauer."

Inzwischen war im Westen eine schwarzgelbe Wolkenwand hochgezogen. Da ich nicht wusste, ob ich im Haus die Fenster geschlossen hatte, stand ich auf und sagte zu den Leuten am Tisch: „Ich geh dann mal. Da scheint sich etwas zusammenzubrauen." Jetzt standen auch andere auf und sahen zu den Gewitterwolken hinüber, und bald sah es nach einem allgemeinen Aufbruch aus.

Als ich Rudi zum Abschied die Hand gab, sagte er, wenn ich nichts dagegen hätte, könne er mich begleiten. Der kürzeste Weg in sein Heimatdorf sei ohnehin der, der am Mühlbach entlangläuft. So gingen wir gemeinsam den Berg hinunter, während die Gewitterfront schnell heranzog. Vor dem Haus sagte Rudi, er wolle weiter, der Regen mache ihm nichts aus. Ich schloss die Haustür auf und sagte, er solle hereinkommen. So könne ich ihn nicht gehen lassen, gleich würde die Hölle losbrechen. Nachdem ich Handtücher geholt hatte, zogen wir die nassen Hemden aus, trockneten unsere Oberkörper und unsere Haare. Danach standen wir uns stumm und verlegen gegenüber. Irgendetwas war mit uns. Ich jedenfalls wagte kaum hinzuschauen, denn dieser Junge, der halbnackt vor mir stand, raubte mir Atem und Verstand. Rudi aber kam auf mich zu und strich mit der Hand über meine Brust. Vielleicht war es die Wirkung des Biers, warum ich es zuließ und warum ich nicht einmal verwundert war, als seine Lippen sich meinen Lippen näherten. Und doch gab es einen Moment, in dem ich glaubte, aufhören zu müssen. Aber ich tat das Gegenteil. Ich nahm Rudi an der Hand, zog ihn die Treppe hinauf, hinein ins Schlafzimmer.

Dass jetzt Sturmböen, Sturzbäche von Regen, scheppernde Donnerschläge das Haus erschütterten, nahmen wir nicht mehr wahr. Doch als die Einschläge näherkamen, als ein Blitz sekundenlang flackernd in diesem Zimmer festzuhängen schien und ich schon darauf gefasst war, hier würde alles auseinanderfliegen, zerbarst die Lüge meines Lebens. In dem kurzen Moment weißvioletten Lichts hatte ich in die dunkelglühenden Augen Rudis geschaut und wusste, ich würde alles hinter mir lassen, ich würde verschwinden aus dem Leben der wasserblauen Twiggy-Kulleraugen. Ohne ein Wort zu sagen, ohne Abschiedsbrief würde ich verschwinden aus einem Leben, in dem ich Stunde für Stunde, Tag für Tag, Jahr für Jahr die Wahrheit verleugnete. Wahrheit waren die Augen dieses Mannes, Wahrheit sein Geruch, dieser berauschende Geruch seiner Achselhöhlen, ein Geruch, den ich immer wieder suchen würde in meinem neuen, meinem eigenen Leben. In diesem Leben musste ich nichts mehr verbergen, nichts unter Kontrolle halten. Nichts mehr stand im Dienste der Erhaltung einer katholischen, siebenhundert Jahre alten Sippe, nichts mehr sagte wie die Schauspielerin Johanna Matz auf der Bühne des Burgtheaters: Liebst du mich, mein Geliebter? Und der Geliebte antwortete nicht mehr mit Wörtern, die von ihm erwartet wurden, abgegriffenen, tausendmal wiederholten Wörtern der Liebe. Denn hier, auf diesem Bett mit Rudi, gibt es keine Wörter, auch keine Liebe. Rudi und ich sind so eng aneinandergepresst, dass keine Wörter und keine Liebe dazwischen passen. Nur unser Schweiß. Und in mir ist eine nie gefühlte Lust, etwas zu tun, was mir bisher als vollkommen unnatürlich, abwegig und absurd vorgekommen war. Doch als ich spüre, im Schein zuckender Blitze sehe, dass Rudi es auch will, ja voller Ungeduld danach verlangt, dringe ich in ihn ein. Und Rudi brüllt, als hätte ich ihn tödlich verwundet. So kann ich nicht hören, dass Christiane die Haustür aufgeschlossen hatte, dass beide Kinder, in Panik versetzt durch das Unwetter, laut geschrien hatten, dass Christiane meinen Namen gerufen hatte, dass sie die Treppe hinauf und ins Schlafzimmer gerannt war, dass Carl, den sie auf den Armen trug, aufhörte zu schreien, als er seinen Vater aus dunklen verweinten Augen ansah.

Während ich nach und nach wieder zu mir kam, hörte ich von unten vor dem Haus Stimmen, Schreie, und schaffte es noch zum Fenster des Schlafzimmers. Von oben sah ich den dunkelblauen BMW Renates. Ich sah, dass Türen zugeschlagen wurden, dass der BMW im aufspritzenden Wasser einer riesigen Pfütze zurücksetzte, dann schnell durch den immer noch andauernden Regen davonfuhr.

Als ich in meiner Sandmulde beim „Alten Schweden" erwachte, lag ich auf der Seite in einer Art Embryohaltung. Hinter mir, über dem Osten Hamburgs, ging gerade die Sonne auf, und alles, was ich aus der Froschperspektive sehen konnte, warf lange Schatten: Halme, Äste, sogar die kleinen Sandhaufen hinter den Fußabdrücken derer, die in den letzten Tagen hier gegangen waren, auch der Müll, der herumlag, Flaschen, Bierdosen, Zigarettenschachteln, Kippen, alles warf lange Schatten.

Nachdem ich mich halb aufgerichtet hatte, sah ich mich um, und war überrascht, dass ich die Nacht hier nicht allein verbracht hatte: Eingerollt in eine Decke lag unter einem Weidengebüsch ein schlafendes Pärchen. Kaum dreißig Meter von mir entfernt stand ein kleines Zelt, in dem vielleicht auch noch jemand schlief. Und ganz in meiner Nähe saßen zwei Ratten. Erst als ich aufstand und selbst einen langen Schatten warf, huschten sie weg. Irgendwo ins Dunkle.

Um meine verspannten Muskeln zu lockern, lief ich ein paar Runden über den Strand, der jetzt viel breiter und abschüssiger war als noch vor sechs Stunden. Es war Ebbe, und die Elbe strömte wieder nach Westen, der Nordsee entgegen.

Und noch einmal dachte ich an die arme Christiane, die geglaubt hatte, dass ich der Mann war, den Gott ihr zugeführt hatte. Was für einen Reinfall hatte sie mit mir erlebt! Wie gut konnte ich sie verstehen. Wie gut verstand ich, dass sie an diesem verfluchten Freitagabend nicht mehr in das Münchner Haus zurückkehrte, dass sie mit den Kindern eine Nacht bei Renate verbrachte und am nächsten Tag Hals über Kopf nach Wien zurückkehrte. Ich verstand, dass sie gleich danach die Scheidung einreichte, durchsetzte und damit die Exkommunikation auf sich nahm, die ihre Kirche für diesen Fall vorsieht.

Später erfuhr ich, dass diese fromme Katholikin in dem ohne meine Beteiligung geführten Scheidungsprozess das Blaue vom Himmel herunterlog. Die Tochter eines angesehenen Rechtswissenschaftlers log so überzeugend, dass alle am Prozess Beteiligten glaubten, ich hätte mich auch an meinem ältesten Sohn, dem vierjährigen Paul, versündigt. Das war Christiane der Racheengel, der vermutlich sogar einen Meineid geleistet hätte, um mich zu erledigen. Da ich mich zum Zeitpunkt des

Prozesses nicht in Österreich aufhielt, war ich nicht zu belangen. Als ich von Christianes Anschuldigung erfuhr, nahm ich mir einen Anwalt, der in einem Schreiben an das Gericht das Undenkbare zurückwies. Eine Antwort bekam ich nie zu Gesicht, denn inzwischen war ich mit unbekannter Adresse verzogen.

Durch den Spruch des Wiener Gerichts musste ich hinnehmen, dass mir jeder Kontakt zu meinen Söhnen verboten wurde, dass ihnen mein Name genommen wurde, dass sie von nun an Paul und Carl Schindler hießen. Ich nahm alles hin, obwohl das Gefühl, diese beiden unschuldigen, unfassbar süßen Wesen, nach denen ich mich sehnte, verloren zu haben, kaum auszuhalten war. Ich nahm es hin, weil ich sah, dass meine Schuld noch viel gewaltiger war, als Christiane es sich vorstellen konnte. Hatte ich nicht mit dem Gedanken gespielt, alles hinter mir zu lassen, ohne ein Wort zu sagen, ohne Abschiedsbrief aus ihrem Leben zu verschwinden? Ob ich es wirklich getan hätte - diese Frage konnte ich später nie beantworten, Christiane war mir ja zuvorgekommen, und indem sie mich zum Verbrecher stempelte, zwang sie mich in ein Leben hinein, das in der ersten Zeit überschattet war von dem Gefühl, tatsächlich ein Verbrecher zu sein. Irgendwann wurde das Gefühl, schuldig geworden zu sein, so groß, dass ich alle Schuld auf Christiane zu projizieren versuchte. Ich stellte mir vor, dass ich durch ihre Einwirkung in den Augen der Kinder zu einer Art Monster werden würde, dass sich in ihren Köpfen und Herzen das Feindbild ‚verbrecherischer Vater' auf irrwitzige Weise festsetzen würde, dass selbst schöne Erinnerungen an mich in ihren Gehirnen durch Verbrechen ersetzt würden. Da all das kaum auszuhalten war, zog sich allmählich ein Vorhang vor meiner Familie zu. Nicht dass ich Christiane vergessen hätte, sie blieb in meinem Bewusstsein präsent, aber die Erinnerung an die Kinder löste sich auf. Ab und zu dachte ich noch an den letzten Blick Carls, im Laufe der Zeit jedoch immer seltener. Dann verschwanden die beiden Kleinen im seelischen Off. Dass sie heranwachsen, zu Männern werden würden, spielte in meinen Gedanken keine Rolle mehr. Mein Schuldkomplex hatte sie entsorgt.

Dass Christiane eine Fehlgeburt erlitt, erfuhr ich noch von Leuten aus Wien. Ob sie später einen anderen, besseren Mann gefunden hatte, sagte mir niemand mehr. Wenn ich heute, in diesen Julitagen des Jahres 2014, Christiane Schindler bei Google eingeben würde, würde ich wahrscheinlich auch über sie einiges erfahren. Doch was würde es bringen? So etwas wie die Beruhigung meines Gewissens? Welch dumme

Frage, dachte ich jetzt. Nach dreißig Jahren musste ich kein schlechtes Gewissen mehr haben. Was Rudi und mir passiert war, war unausweichlich, „natürlich im wahrsten Sinne des Wortes“, wie Rudi in der Zeit danach einmal sagte. (Rudi wurde übrigens kein Pfarrer. Aber das hatte nichts zu tun mit dem gespenstischen Auftritt Christianes als Muttergottes mit Kind am Vorabend des Festes Mariä Himmelfahrt 1983. Er entschied sich einfach für einen anderen Weg, der ihn schließlich über einen Listenplatz der Grünen in den Bayerischen Landtag führte, wo der Sohn eines Bauern und inzwischen selbst Bauer tapfer gegen die Agrarindustrie und die Borniertheit der bayerischen Staatspartei zu Felde zieht.)

Schuldig geworden war ich allerdings in einem ganz anderen Sinn: Während Christiane mir in den ersten Wiener Jahren immer deutlicher zu verstehen gab, dass sie mich für tauglich befunden hatte, der Vater ihrer Kinder zu sein, hätte ich irgendwann stopp sagen müssen. Ich hätte stopp sagen müssen wie ich im Falle Theas stopp gesagt hatte ein paar Jahre zuvor. Erst viel später, Wien und München lagen längst hinter mir, wurde mir bewusst, dass Korruption im Spiele war, als ich Christiane heiratete: gesellschaftlicher Aufstieg, Teilhabe an Ruhm und Reichtum einer der „großen“ Familien Österreichs - das war die Währung, mit der ich mich bestechen ließ. Meine Natur aber rächte sich und machte alles zunichte. Unvermeidlich war, dass Renate herumerzählte, was an diesem Freitagabend in einem bayerischen Dorf geschehen war. Jedem, der es wissen wollte, erzählte sie es. Ganz gewiss hatte Christiane ihrer „Busenfreundin“ nicht das Versprechen abgenommen zu schweigen, nachdem sie mit Carl auf dem Arm die Treppe hinuntergerannt war, in ihrer Verletztheit und Wut alles aus sich herausgeschleudert hatte, was sie in diesem verfluchten Schlafzimmer gesehen hatte. Aber selbst wenn Renate das Gelübde abgelegt hätte, über all das zu schweigen, sie hätte diesen Skandal mit seinem unerhörten Erregungspotential irgendwann ausgeplaudert. Es lag nicht in ihrer Natur, über so etwas zu schweigen. Dass einige, mit denen ich in München beruflich zu tun hatte, sich so schäbig verhalten würden, überraschte mich. Am angenehmsten war es noch mit meinen Studenten, die sich auf meine Seite stellten, sogar eine Demo veranstalteten, als sie erfuhren, dass ich, unter Druck gesetzt, meine Stelle aufgeben sollte. Zu erwarten war allerdings das Verhalten der Funktionäre dieses reaktionären bayerischen Staatswesens, allen voran des Kultusministers, der mir schriftlich mitteilte, dass man einem Mann wie mir keine jungen Leute anvertrauen dürfe, und dabei hatte er das Wort Mann in Anführungszeichen gesetzt. Ich hatte mir vorgenommen, ihn für diese Anführungszeichen in aller Öffentlichkeit zu ohrfeigen. Aber die Dinge überstürzten sich, und schneller als ich gedacht hatte, verließ ich die BRD, und an Ninos Seite fand ich ein neues Leben. Mein selbstbestimmtes Leben.

***

Ich zog mich aus, und watete hinein in die Elbe. Auf dem mit starker Strömung ablaufenden Wasser spiegelte sich die Morgensonne. Aber das war kein Funkeln und Glitzern mehr wie noch vor einer halben Stunde. Jetzt stand ich inmitten kalter Flammen, die mich blendeten. Und dabei befand ich mich fast an der Stelle, an der ich während meiner Kindheit zusammen mit Erika und anderen Kindern oft gebadet hatte. Damals, als das Wasser noch sauber war, konnte man hier baden. Alle taten es, und auf dem Strand war im Sommer bei gutem Wetter kein Durchkommen. Und wieder hörte ich die Stimme meiner Mutter. Hinter mir rief sie: „Geh nicht so weit rein, Benedikt!“ Sie nannte mich immer nur Benedikt, niemals Ben. Einmal hatte sie mir erklärt, was der Name bedeutete. Nun fragte ich mich, was aus diesem „Gesegneten“ geworden war, gerade jetzt, da ich wieder an den Mann im Türspalt dachte, aus dessen dunklen Augen ich selbst mich angeblickt hatte.

Plötzlich bekam ich einen heftigen Stoß, und fast wäre ich umgefallen, als das schwarzbraune Elbwasser über mir zusammenschlug und der Sand unter meinen Füßen wegrutschte. Vor einer Weile war ein riesiger Containerfrachter vorbeigefahren, der jetzt erst diesen starken Wellengang verursachte. Erschrocken, fast ein wenig beleidigt lief ich die steile Böschung hinauf, und stand einen Moment frierend da, bis ich die Jacke sah, mit der ich mich heute Nacht in meiner Sandmulde beim „Alten Schweden“ zugedeckt hatte. Damit rubbelte ich mich ab. Dann zog ich mich an und machte mich auf den Weg nach Hause, vorbei an schönen alten Häusern, die vor zweihundert Jahren von Elbfischern erbaut worden waren.

An der Anlegestelle der Hafenboote hatte eins der großen Boote gerade festgemacht. Auf den Decks standen die Passagiere dicht an dicht, und doch drängten noch viele andere auf das Schiff, das Arbeiter zur großen Flugzeugwerft elbabwärts brachte. Als das Schiff ablegte und mit großer Geschwindigkeit im aufgewühlten, brodelnden Elbwasser davonfuhr, beschämte mich, dass die Menschen auf dem Boot ihren Lebensunterhalt durch Arbeit verdienen mussten, während ich tun und lassen konnte, was ich wollte, und in diesem Zustand zwei Jahre brauchte, um einen Text von 190 Seiten fertigzustellen. „Fertigstellen“ war nicht einmal das richtige Wort, denn bisher hatte ich kaum mehr als die Rohfassung meines römischen Reiseführers zustande gebracht, und das war doch eigentlich nicht zu glauben, denn noch vor drei oder vier Jahren, als mein Leben noch nicht aus dem Ruder gelaufen war, hätte ich an einem Text wie diesem kaum länger als ein halbes Jahr gearbeitet, während, ja WÄHREND ich gleichzeitig Vorlesungen und Seminare abhielt, Studierende und Doktoranden betreute und nicht zuletzt meinen Pflichten als Leiter des Kunsthistorischen Seminars der Universität nachkam.

Nachdem das Schiff im Morgendunst über der Elbe verschwunden war, überlegte ich, was ich tun sollte. Wenn ich auf direktem Weg nach Hause wollte, hätte ich nur über die große Treppe am Geesthang hinaufzusteigen brauchen, dann wäre ich nach wenigen Minuten in meiner Wohnung gewesen. Mir war aber etwas eingefallen, was mich in eine andere Richtung trieb. So blieb ich auf der Uferstraße, lief weiter an der Elbe entlang, immer noch weiter, bis die östliche Häuserzeile des Fischmarkts hinter mir lag. Dann sah ich, was ich sehen wollte: über mir, aufgetürmt über dem Hochufer der Elbe, erhob sich das bronzefarbene Hotel, in dessen siebzehnten Obergeschoss ich gestern Abend mein Waterloo erlebt hatte.

Ich begann die Stockwerke zu zählen, und während ich noch versuchte, den siebzehnten Stock auszumachen, sah ich vor mir, was sich heute in diesem Hotel abspielen würde: Vielleicht ab zehn Uhr würde der Kongress weitergehen. Am Nachmittag würde ein Dr. Schindler sein Referat halten und danach einen Workshop leiten. Nach dem Abendessen mit seinen Kollegen würde dieser Dr. Schindler einen anderen „Dad“ in sein Zimmer lassen, mit dem er schon vor Tagen ein Date ausgemacht hatte, und der würde ihn genauso ficken, wie ich ihn gefickt hatte. In Doggystellung und ohne Gummi. Und derjenige, der das alles so haben wollte, war doch ein Doktor der Medizin, sogar ein gefeierter Wissenschaftler, der besser als jeder andere Bescheid wusste über das Risiko, das er einging.

Dass ausgerechnet in dem Augenblick, in dem ich mir vorstellte, krank werden zu können wie Leo mit seinen Clamydien, ein Rettungswagen der Johanniter mit Blaulicht und Sirenengeheul an mir vorbeiraste, hätte mich fast zum Lachen gebracht. Gleichzeitig wurde mir klar, dass ich an dieser lauten Rennstrecke in die Innenstadt nicht stehen bleiben konnte. Ich musste endlich nach Hause.

Während ich den Weg zurückging, den ich gekommen war, dachte ich wieder an das Fresko des Kairos. Aber was nützte mir Mythologie, wo doch alles viel komplizierter war? Ich konnte doch nicht nach Hause gehen und mir vornehmen, von heute auf morgen wie ein Asket zu leben. Es würde nicht funktionieren. Diese unbegreifliche Gier, die sich so oft aus der Mitte des Körpers heraus bemerkbar machte und sich wie ein unzähmbares Tier im Kehlkopf verbiss, war einfach zu stark. Man konnte sich ablenken, wehren. Es nützte nichts. Und so würde mich diese Gier auch weiterhin zu Dingen treiben, von denen die Anständigen unter meinen Mitbürgern keine Ahnung hatten. Nichts würde sich ändern, bis mich wegen meines Alters keiner mehr wollte, oder bis ich Krebs bekam wie Manfred, oder etwas, was ich mir durch unverantwortliches, riskantes Verhalten selbst zugezogen hatte. Vielleicht sogar, weil ich meinem eigenen Sohn zu nahegekommen war. Allzu nahe.

Eine halbe Stunde später schloss ich die Tür zu meiner Wohnung auf. Als ich in den Flur trat, fiel mir sofort Karim ein. Wenn ich nichts unternahm, würde er heute Abend vor der Tür stehen, und wenn ich die Tür öffnete, würde er mich anlächeln und „Hi, Dad" sagen. Was aber sollte ich diesem Jungen sagen, der sich vielleicht jetzt schon auf heute Abend freute? Ich konnte ihm doch nicht sagen, dass das Spiel mit dem Namen HairyDad4HornyBoys zu Ende war. Er würde es nicht verstehen. Noch viel weniger konnte ich ihm erzählen, was ich gestern Abend in einem Hotel auf Sankt Pauli erlebt hatte. Er würde es nicht glauben. Wie niemand es glauben würde.

In der Küche trank ich eine Flasche Mineralwasser in einem Zuge leer. Danach ging ich ins Schlafzimmer, schlug die Bettdecke zurück, fiel aufs Bett und war nach kurzer Zeit eingeschlafen. Irgendwann schien mir die Sonne ins Gesicht. Ich stand auf, um die Vorhänge zu schließen. Jetzt interessierte mich, wie lange ich geschlafen hatte. Dann fiel es mir schwer zu glauben, dass es fast sieben Stunden waren. Ich sollte etwas essen, dachte ich. In der Küche schnitt ich eine Unmenge Scheiben Brot, holte Schinken, Käse und ein Bier aus dem Kühlschrank, schaltete das Radio an, und hörte in den Nachrichten Dinge, die mir den Appetit verdarben. In der Ukraine war heute Nachmittag, während ich schlief, eine Boeing der Malaysia Airlines abgestürzt. Sämtliche der 298 Insassen waren ums Leben gekommen. Darunter 80 Kinder. Die Trümmer des Flugzeugs und die zerfetzten Körper der Menschen waren in der Ostukraine niedergegangen, verstreut über eine Fläche von mehr als dreißig Quadratkilometern hinweg. Die ukrainische Regierung und prorussische Separatisten beschuldigten sich gegenseitig, die Maschine abgeschossen zu haben. Ich dachte an die absolute Sinnlosigkeit dieses Verbrechens. Alle diese Menschen mussten sterben, weil ein paar fanatisierte Männer durchgedreht waren, Männer, die vielleicht jetzt schon dabei waren, die Spuren ihrer grausigen Tat zu verwischen. Ganz sicher waren es stämmige Männer mit Bärten, in Tarnuniformen, Kalaschnikows über der Schulter, dachte ich, Männer wie jene, die im April in der Tagesschau zu sehen waren, als sie unter dem Jubel vieler Menschen die Seiten wechselten, die ukrainische Flagge mit ihren Feuerzeugen anzündeten und die russische auf ihren Panzern aufpflanzten. Interessiert hätte mich, was diese Männer fühlten angesichts blutender Leichenteile, bald schon die Beute verwilderter Hunde, hungriger Ratten und Greifvögel.

All das war kaum zu ertragen. Und doch musste ich auch jetzt wieder an Karim denken. Ich musste etwas tun, bevor es zu spät war. Bevor er hier vor der Tür stehen, mich anlächeln und „Hi, Dad" sagen konnte. Ich setzte mich vor den Mac und loggte mich ein bei SPLASH!

Karim hatte schon um 16.32 Uhr geschrieben: „Wann darf ich denn kommen dad?"

„Hey, mein Lieber", schrieb ich ihm. „Können wir mal telefonieren?"

„können wir. bin allein zuhaus"

„Ich ruf dich an bei WhatsApp. Meine Nummer hat du. Schick mal deine."

Am Telefon sagte er, noch bevor ich etwas sagen konnte: „Du kannst nicht. Stimmt's?"

„Ja. Heute Abend geht es nicht."

Ich hörte die Enttäuschung in seiner Stimme. „Schade. Hab mich so gefreut."

„Es ist etwas dazwischengekommen."

„Ich kann mir denken, was dazwischengekommen ist. Du hast einen neuen Boy kennengelernt."

„Nein, ich habe keinen neuen Boy kennengelernt. Ich habe etwas unglaublich Blödes erlebt. Aber frag bitte nicht, was es ist. Vielleicht werde ich es dir eines Tages erzählen. Jetzt geht es nicht."

„Warum willst du mir nicht erzählen, was passiert ist?"

„Weil es nicht geht."

„Warum geht es nicht? Sag es mir. Bitte!"

„Es hat mit meiner Familie zu tun."

„Du hast eine Familie?"

„Fast jeder hat eine Familie. Du doch auch."

„Oh, dann tut es mir leid. Ich hoffe, es ist nicht so schlimm."

„Hör mal", sagte ich, „ich werde mein Profil bei SPLASH! löschen. Wenn du willst, kannst du mich bei WhatsApp erreichen. Lass mir aber noch ein wenig Zeit."

„Okay", sagte er. Seine Stimme klang ein wenig belegt, fast heiser.

Während er „okay" sagte, stand mir sein Gesicht vor Augen. Ich sah den leichten Flaum über seiner Oberlippe, sah sein schönes Lächeln, die fast noch kindliche Weichheit seines Blicks, und ich dachte an seine selbstverständliche, unverdorbene Art Sex zu machen, an seine lustigen Teufelsohren, an die Wärme seines Körpers.

Aber nun war es zu spät. Nach allem was geschehen war, wäre es ein Sakrileg gewesen, ihn noch einmal anzufassen. Diesen Dad, vor dem ich mich ekelte, musste ich sterben lassen.

Nach ein paar Klicks hatte ich mein Profil gelöscht. Dann schaltete ich den Mac aus und ging auf die Terrasse. Am Abendhimmel schossen Schwalben hin und her, ungewöhnlich tief, hektisch, fast hysterisch auf der Jagd nach den letzten Insekten des Tages.

In den Tagesthemen ging es turbulent zu. Einziges Thema war der Todesflug MH - 17 der Malaysia Airlines. Aber niemand hatte eine Antwort auf die brennendsten Fragen: Woher kam die Rakete? Wer hat die Rakete abgefeuert? War es Absicht oder Versehen? Und warum war der Maschine überhaupt die Erlaubnis erteilt worden, über Kriegsgebiet zu fliegen? Und doch stand hier hauptsächlich Putin am Pranger. Unterschwellig, unausgesprochen zwar, aber die Reflexe des längst vergangenen Kalten Krieges waren intakt wie eh und je.

Wenn die am Konflikt Beteiligten jetzt nicht zur Vernunft kamen, wann dann, fragte ich mich. Schlimmer konnte es doch nicht kommen.

Und mit einem Male sah ich all das, was mir seit siebzehn Stunden nicht aus dem Kopf gehen wollte, in einem ganz anderen Licht. Im Wesentlichen war doch nichts weiter geschehen, als dass ich einem meiner verlorenen Söhne begegnet war. Die Umstände, unter denen wir uns getroffen hatten, irritierten mich nach wie vor. Und doch hatte ich in diesem Moment das Gefühl, als hätte ich etwas wiedergewonnen, was in meinem Leben bisher gefehlt hatte. Aber das Seltsamste war, dass ich glaubte, es immer noch in der Hand zu haben, daraus noch viel mehr zu machen. Denn wir beide, Carl Schindler und ich, waren erwachsene Menschen, die vielleicht eines Tages einen Draht zueinander finden würden, trotz des im Hintergrund lauernden Muttertiers Christiane. Doch das, was an diesem Tag in der Ukraine geschehen war, wird nie wieder ins Lot kommen. Und sollten die Opfer dieses beispiellosen Verbrechens eines Tages zu ihren Vätern und Müttern, Geschwistern, Ehepartnern, Freunden zurückkehren, dann als zerfetzte, kaum identifizierbare Leichname.

Kurz nach 23.00 Uhr rief ich Erika an.

Requiem

1.

Manfred

Am 27. Januar 2015 starb Manfred Karow. Trauriger als sein Tod war seine Beerdigung. Ein eisiger Nebel hing über dem kleinen Friedhof von Nessenholm in Schleswig-Holstein, als dort sechs Personen zusammenkamen, um Manfred das letzte Geleit zu geben. Es waren seine Frau Lena, eine Kollegin Lenas aus dem Gemeindebüro, eine Schwester Manfreds mit ihrem Mann, ein Nachbar und ich. Ohne irgendein Zeremoniell wurde der Sarg von der Friedhofskapelle zum Grab gebracht und mit ungehöriger Eile in die Grube hinabgelassen. Kaum hatten die Anwesenden eine Handvoll Sand auf den Sarg geworfen, traten die Totengräber heran und begannen das klaffende Loch zu schließen.

In dem Moment, in dem die Trauergäste schon dabei waren, vom Grab wegzugehen, ergriff mich eine ungeheure Wut. Meine Wut richtete sich nicht nur auf die Armseligkeit und Erbärmlichkeit dessen, was gerade geschehen war, sie richtete sich auf alles, was zu dem Ende dieses großen Malers geführt hatte. Ich hatte keine Wut auf Lena, die ihn Jahrzehnte ertragen musste und nichts dafür konnte, dass sie seine Malerei nicht verstand. Meine Wut richtete sich auf etwas, was eigentlich nicht zu fassen war: auf die ärmlichen Verhältnisse, unter denen Manfred groß geworden war, auf die strenge Erziehung durch seinen Vater, auf Manfreds charakterliche Anlagen, auf alles, was ihn zu dem machte, was er in den letzten Jahrzehnten gewesen war und was verhinderte, dass er mit den Menschen und der Welt zurechtkam. Wut hatte ich auf die Krankheit, die ihn zuletzt auf elende Weise umbrachte, Wut auf den verrückt gewordenen Kunstmarkt, Wut auf die Sammler, die für eine kleine Zeichnung von Raffael 52 Millionen Dollar hinblätterten, während Manfred hätte Harz IV beantragen müssen, hätte er nicht eine Frau wie Lena gehabt.

Ich ging zu ihr hin und drückte ihr stumm die Hand. Ihrem Gesichtsausdruck konnte ich nicht entnehmen, was sie dachte und fühlte.

Seit dem Abend des Endspiels in Rio, als ich die große Kiste öffnete, in der Mishima I fast drei Jahre verborgen gewesen war, wusste ich, dass es nicht am Versagen Manfreds lag, wenn dessen Malerei keinen Erfolg hatte, und dass ich etwas für ihn tun musste. Ich begann massenhaft E-Mails zu verschicken an Leute in der Kunstszene, um an den Maler Manfred Karow zu erinnern. Ich schrieb Artikel in Zeitungen und Zeitschriften über diesen Abstrakten Expressionisten im hohen Norden Deutschlands, und als ich spürte, dass sich Interesse zu regen begann, fing ich an zu reisen, um in Depots von Museen, bei Kunstvereinen, Galerien, Sammlern vergessene Werke Manfreds aufzuspüren. Durch einen Zufall fand ich Mishima III bei einem Sammler in Baden-Württemberg. Dieser Mann verkaufte Waffen, hauptsächlich an Saudi Arabien, und damit war er Teil der Katastrophe, welche nicht nur die arabische Welt erschütterte. Zu mir sagte er, dass er das Bild liebe, und nie würde er es verkaufen, was er von den meisten anderen Werken seiner Sammlung nicht sagen könne. Er sei Geschäftsmann, und Kunst sei eben auch ein Geschäft, inzwischen ein sehr einträgliches sogar.

Am 12. März 2015 fuhr ich nach Leipzig zur Buchmesse, um „Verborgene Orte in Rom" vorzustellen. Auf der Veranstaltung kam ich mit einem jungen Hamburger Verleger ins Gespräch, dem ich von Manfred und von dessen Mishima-Serie erzählte. Als er ein paar Tage später in meine Wohnung kam und Mishima I sah, sagte er: „WOW! Kaum zu glauben, dass er keinen Erfolg hatte." Noch am selben Vormittag fragte er mich, ob ich Lust hätte, an einem Buchprojekt zu Mishimas neunzigstem Geburtstag mitzuarbeiten. Lange schon habe er nachgedacht, wie man dem großen japanischen Autor ein Denkmal setzen könne. Jetzt sei ihm die Idee zu einem Fotoband gekommen: Fotografien der Mishima-Serie als Ausgangspunkt für Texte zum Leben und Schaffen des immer noch rätselhaften Schriftstellers und Politikers.

Ende März rief mich Lena an. Sie bat mich, in der nächsten Zeit einmal nach Nessenholm zu kommen, sie wolle mir etwas zeigen. So besuchte ich sie, und konnte nicht glauben, was ich sah. Bislang hatte ich angenommen, Manfred habe seit den neunziger Jahren nicht mehr gemalt. 1994 hatte er sein Atelier in der Kreisstadt aufgegeben, und wenn ich ihn in der Zeit danach traf oder mit ihm telefonierte, tat er immer so, als sei er vollkommen resigniert und unfähig etwas zu tun. Jetzt erfuhr ich von Lena, dass er in seinem Keller gearbeitet hatte. Und in einem der Kellerräume sah ich das Werk Manfreds aus den letzten zwanzig

Jahren: dicht an dicht standen hier fast dreihundert bemalte Leinwände oder hölzerne Bildtafeln, zum größten Teil riesige Formate. Die Durchsicht ergab, dass ein Teil der Arbeiten ziemlich schwach war. Offensichtlich hatte dieser Besessene nach neuen Wegen gesucht, und dabei, wenig überzeugend, Maschendraht auf die Bildträger montiert oder Plastikkabel in die dick aufgetragene Farbmasse gedrückt. Aber der größte Teil der Gemälde war von erstaunlicher Qualität, obwohl Manfred meist mit billiger Dispersionsfarbe aus dem Baumarkt gearbeitet hatte.

Jetzt begann meine Arbeit. Es war die Arbeit an einem wissenschaftlichen Verzeichnis sämtlicher Werke Manfreds, einem so genannten Catalogue raisonné, den ich eines Tages ins Netz stellen würde. Ich legte mir eine Website zu, auf der Interessierte den Fortgang der Arbeit verfolgen und selbst in den ausufernden Arbeitsprozess eingreifen konnten: http://www.manfredkarowresearchprojekt.org/. Und wieder war ich auf Reisen, hauptsächlich, um nach Mishima VII zu suchen. Zeitweilig glaubte ich, dass die große Bildtafel nach Boston gelangt sei. Als Erika ihre Vortragsreise durch die USA doch noch unternahm, setzte ich sie darauf an. Aber sie fand nichts, und das Gemälde, von dem nicht einmal ein Foto existiert, bleibt verschollen.

Das also war mein neues Leben. Auf den ersten Blick musste es so aussehen, als hätte ich den Stress, den ich mir zwei Jahre lang zugemutet hatte, durch einen anderen ersetzt. Dabei war doch eine nie erfahrene Ruhe, Ausgeglichenheit und Heiterkeit in mein Leben gekommen. Ab und zu schüttelte ich den Kopf über die Tatsache, dass ich mehr als zwei Jahre lang meine Zeit verplempert hatte, unentwegt Jungs hinterhergejagt war, die meine Söhne, meine Enkel hätten sein können. Welch ein Wahnsinn, dachte ich oft. Aber jedes Mal, wenn ich an Karim dachte und an das, was ich mit ihm erlebt hatte, war mir, als könne ich mich doch noch versöhnen mit diesem Teil meines Lebens.

2.

Erika

Am 1. August 2015 ist Erika zu mir nach Hamburg gezogen. Für mich ist das Zusammenleben mit meiner Schwester noch ein wenig ungewohnt, doch ihre offene, unkomplizierte Art macht alles viel einfacher, als ich es mir je hätte vorstellen können. Dass Jan mich hin und wieder besucht, stört sie nicht. Im Gegenteil, sie scheint sogar Gefallen gefunden zu haben an dem klugen jungen Mann, der inzwischen an der HamburgMediaSchool den Studiengang Film absolviert.

Für meine Arbeit am Werkverzeichnis erweist sich Erikas Anwesenheit als Glücksfall. Sie ist mit den Methoden der Digitalen Transformation weitaus besser vertraut als ich, und seitdem sie hier ist, kommt die Verarbeitung der Datenmassen für den Catalogue raisonné viel zügiger voran als in den Monaten zuvor. Jetzt, Mitte November 2015, ist die Arbeit zwar immer noch nicht abgeschlossen, aber das Wesentliche ist geschafft, und wir finden wieder Zeit für andere Dinge.

Erika ist abends fast immer unterwegs, obwohl das Hamburger Wetter im Augenblick so widerlich ist, dass man keinen Hund hinausjagen möchte. Sie trifft Freunde, geht ins Kino, besucht die Theater. Ich verkrieche mich meist in mein Arbeitszimmer, um an dem Bericht zu arbeiten, den ich Jan versprochen habe. Es ist der Bericht über die sieben Tage im Juli 2014, an deren Ende die Begegnung mit SportyHairyHunky, alias Dr. Carl Schindler stand.

Unvermeidlich war, dass ich meiner Schwester erklären musste, was ich da trieb, warum ich oft stundenlang nicht aus meinem Arbeitszimmer herauskam. Ebenso unvermeidlich war, dass ich preisgeben musste, was ich am Abend des 16. Juli 2014 im 17. Stock des Empire Riverside Hotels erlebt hatte, zumindest im Kern. Am Ende war Erika weit weniger schockiert, als ich gedacht hatte. Aber es lässt ihr keine Ruhe. Immer wieder stellt sie mir Fragen, vor allem zu meinem Verhältnis zu Christiane, das sie, wie sie jetzt gestand, von Anfang an irritiert, nie verstanden hatte.

„Nie hätte ich mir vorstellen können, du würdest eine solche Frau heiraten“, sagte sie einmal während eines Abendessens in unserer Wohnung, als wieder einmal Wien, München und Christiane das Thema waren.

Obwohl Christiane mir inzwischen gleichgültig war, berührte mich unangenehm, dass Erika „eine solche Frau" gesagt hatte. „Was meinst du denn mit ‚eine solche Frau'?"

„Schwer zu sagen … Aber hat dich nie dieser eingefrorene Dünkel in ihrem Gesicht gestört?"

„Ach, ich weiß nicht. Ich glaube, es ist nicht einfach einen siebenhundertjährigen Adel mit sich herumzuschleppen. Vor allem nicht in Wien, wo der Adel so lebendig ist wie nirgendwo sonst, obwohl er schon 1919 per Gesetz abgeschafft wurde."

„Und er? Wie ist er?"

„Wen meinst du?"

Sie lächelte kaum merklich. "Du weißt, wen ich meine. Wenn du nicht darüber reden magst, verstehe ich das. Übrigens musst du mir nicht erzählen, wer er ist, was er macht. Ich habe den Lebensweg der beiden Jungs verfolgt, solange sie bei Google präsent sind."

Nicht, dass mich diese Mitteilung in Unruhe versetzt hätte. Aber irgendetwas störte mich. Meine Schwester wusste also seit vielen Jahren Bescheid über Paul und Carl Schindler, die beiden jungen Männer, die ich aus meinem Bewusstsein verbannt, ausgeblendet, ins Unbewusste abgeschoben hatte. Doch konnte ich ihr einen Vorwurf machen, dass sie mir verheimlicht hatte, was sie so lange schon wusste? In ihrer klugen und feinfühligen Art musste sie gespürt haben, dass ich mich schuldig fühlte und aus diesem Grunde tabula rasa gemacht hatte. War es da nicht bewundernswert, ja anrührend, dass sie zumindest im Geiste Kontakt gehalten hatte zu einem wesentlichen Teil meiner Lebensgeschichte und sich das Interesse bewahrt hatte für ihre beiden Neffen, die vielleicht nicht einmal wussten, dass diese Tante überhaupt existierte? Nun, da mir dies alles klar wurde, erschien mir auch ihre Frage „Wie ist er?" als etwas Selbstverständliches. Dieser in seinem Beruf offensichtlich äußerst erfolgreiche Dr. Carl Schindler, der für sie bisher nur eine virtuelle Größe gewesen war, war plötzlich in der Realität aufgetaucht, und natürlich wollte sie wissen, wie dieses reale Wesen denn nun war.

Schade nur, dass ich ihr nicht viel sagen konnte. „Dunkle melancholische Augen hat er."

„Wie du."

„Mag sein. Sonst kann ich dir wenig sagen."

„Was ist denn? Warum willst du mir nicht sagen, wie er ist?"

„Ich habe nicht viel mitgekriegt von ihm."

Sie schaute mich ungläubig an, indem sie die rechte Augenbraue übertrieben weit nach oben zog. „Ich weiß ja nicht … aber wie kann man denn in einer solchen Situation nicht viel mitkriegen?“

„Das will ich dir lieber nicht erzählen. Manchmal begreife selbst ich die Schwulen nicht. Da spielen sich oft Dinge ab, von denen die so genannten Heteros nichts ahnen, nicht einmal im Traum. Doch hör mal. Wenn ich den Bericht fertig habe, kannst du ihn lesen. Die dreckigen Stellen da drin wirst du dir vielleicht nicht zumuten wollen. Wenn du spürst, dass es nichts für dich ist, kannst du sie überlesen. Trotzdem wird vieles bleiben, worüber du dich wundern wirst, und du kannst dir denken, dass mir ein wenig mulmig zumute ist, wenn ich mir vorstelle, du würdest den Text lesen. Aber ich werde es aushalten, selbst wenn du mich danach mit ganz anderen Augen siehst. Ich hoffe nur, dass du unsere WG nicht aufkündigst.“

„Das werde ich bestimmt nicht tun“, sagte sie und sah mich an, als hätte ich etwas Absurdes gesagt. „Und außerdem haben wir ja noch ein wenig Zeit. Bis alles fertig ist, kannst dir überlegen, ob du mir den Text wirklich geben willst.“ Sie zögerte, dann lachte sie ihr helles, nun ein wenig übermütiges Lachen. „Und ich kann mir überlegen, ob ich ihn lesen will, diesen dreckigen Text.“

Jetzt lachten wir beide.

„Ja, so machen wir es. Bis Weihnachten bin ich fertig. Muss ich fertig sein, Jan liegt mir ja schon in den Ohren“, sagte ich.

„Umso besser“, sagte sie. Nun stand sie vom Tisch auf, trat an ein Fenster und sah in den Nebel des Novemberabends hinaus. „Sag mal. Hast du in der langen Zeit, die seither vergangen ist, nicht einmal das Bedürfnis gehabt, mit ihm Kontakt aufzunehmen? Ich kann mir nicht vorstellen, dass du niemals daran gedacht hast?“

„Ein paarmal habe ich es gedacht. Doch jedes Mal habe ich es wieder verworfen. Da kommt zu viel zusammen. Ich glaube, ich schaffe es nicht.“

„Weil du dich immer noch schuldig fühlst? Übrigens finde ich die Situation nicht so unmöglich, wie sie dir vielleicht erscheint. Es ist ja nicht verboten, dass ein Vater mit seinem erwachsenen Sohn Sex hat.“

Oha!, dachte ich, da hatte sie sich aber weit vorgewagt. Doch das war jetzt wieder meine wunderbare Schwester, die am liebsten alle Konflikte der Welt gelöst hätte. Das Zeug dazu hatte sie, man müsste sie nur lassen.

„Also, du denkst wirklich …“, sagte ich. „Ja, und wenn … “ Ich wusste nicht, was ich sagen sollte, und flüchtete in den abgenutztesten aller Gemeinplätze: „Kommt Zeit, kommt Rat".

Das Thema wurde in den Hintergrund gedrängt, als Freunde Erikas aus Sankt Petersburg sechs Tage lang unsere Gäste waren. Mit Olga und Segej gab es keine Verständigungsprobleme, beide sprachen ein schönes, etwas altmodisches Deutsch. Und es gab auch keine Debatten um politische Streitpunkte. Erst vor zwei Wochen war der Abschlussbericht der niederländischen Ermittler zum Abschuss von MH-17 veröffentlich worden. Kaum anders als Erika und ich waren diese Russen überzeugt, dass prorussische Aktivisten die Boeing mit einer russischen Rakete abgeschossen hatten, und die Zurückweisung des Berichts durch die russische Regierung fanden sie widerwärtig. So verliefen die Tage mit unseren Gästen harmonisch, aber überhaupt nicht ruhig. Denn Erika hatte in ihrem nie erlahmenden Drang, Menschen zusammenzubringen, Kontakte herzustellen, alle Hebel in Bewegung gesetzt. Immerzu kamen, immerzu gingen Leute, immer wieder waren wir unterwegs und kehrten erst spät am Abend zurück. An einem Abend besuchten wir zu viert eine Aufführung der „Trojaner" von Hector Berlioz in der Staatsoper. Mich amüsierte ein wenig, als Olga und Segej sich kaum beruhigen konnten über die hässlichen Straßenanzüge der trojanischen Helden in Michael Thalheimers Inszenierung. „Eine so reiche Stadt, und kein Geld für Kostüme". Sie konnten es nicht fassen.

Gestern sind sie abgereist. Wieder steht ein neuer Satz Matrjoschkas in Erikas Zimmer. Und auch ich habe jetzt eine buntbemalte Puppe, in der sieben weitere stecken. Sie steht auf meinem Schreibtisch. Während ich den letzten Teil meines Berichts schreibe, lächelt sie mich an. Ein wenig schief zwar, doch freundlich und mütterlich-nachsichtig.

Heute Mittag kam Erika einmal in mein Arbeitszimmer. Ohne ein Wort zu sagen, legte sie eine Ausgabe von NATIONAL GEOGRAPHIC auf den Schreibtisch. Nachdem sie die Seiten aufgeschlagen hatte, die sie mir zeigen wollte, verließ sie Zimmer. Ich sah, dass es ein mehrere Monate altes Heft war, das ihren Umzug überlebt haben musste. Und dann las ich den mit vielen Fotos gespickten Bericht über einen Paul Schindler, der, unterstützt von einer Gruppe Roma, in Siebenbürgen eine verfallene Kirchenburg restauriert.

Noch während ich die Bilder betrachtete und einen Text las, so umwerfend lebendig, wie ihn nur angelsächsische Journalisten schreiben können, war mir fast, als müsste ich mich freuen.

Fast? Müsste? Nein, ich freute mich wirklich, und auf einmal kam mir in den Sinn, ich könnte nach Rumänien reisen, um den Mann zu sehen, der einen beinahe verschwundenen Freskenzyklus aus dem 16. Jahrhundert wieder zum Leuchten brachte.

Seltsam ist, dass ich jetzt, da ich alle Bedenken hinter mir gelassen habe, nicht in der Lage bin, mit Erika zu sprechen. Sie soll mich nicht in dem Zustand erleben, in den mich die Reportage in NATIONAL GEOGRAPHIC versetzt hat. Ich werde einen Mantel anziehen und einen Spaziergang machen. Spaziergang? Ach was, dachte ich, es wird ein strammer Fußmarsch werden, immer an der Elbe entlang, vorbei am Alten Schweden vielleicht sogar bis nach Blankenese. Unterwegs werde ich etwas essen und erst spät zurückkehren. Erika wird dann im Theater sein. Sie besucht eine sechsstündige Aufführung des Deutschen Schauspielhauses, „Söhne & Söhne". Wie ein Kritiker schreibt, soll einem am Ende des Abends schlecht sein. Schlecht vor Hunger, vor Erschöpfung, vor innerem Aufruhr.

So kann ich sie erst morgen fragen, ob sie mit mir nach Rumänien fahren will. Wie ich sie kenne, wird sie keinen Moment so tun, als sei sie überrascht. Vermutlich wird sie einfach nur sagen: Ja, gut. Wann reisen wir?

Bevor ich die Wohnung verlasse, gehe ich auf die Terrasse, um zu sehen, wie sich das Wetter entwickelt. Unter mir liegt der Hof mit seinen Garagen, die einen langen Schlagschatten über den weiten, leeren Platz werfen. Heute Mittag ist „der Feger" nicht gekommen, vielleicht weil es zu kalt ist, vielleicht weil er vor seiner Garage keine Blätter mehr findet. Ich sehe die lange Reihe der kahlen Pappeln, darüber einen leuchtend blauen Himmel, über den sich ein gleichmäßiger Teppich winziger Lämmerwölkchen ausbreitet. Ich denke daran, wie es hier noch vor einer Stunde aussah, als sich eine mächtige weiße Wolke in den blassen Morgenhimmel schob. Jetzt gibt es nichts mehr, was daran erinnert, und in der gleichen Zeit hat sich auch meine Sicht auf mein Leben verändert.

Quellennachweise:

S. 5: David Gelernter, zitiert nach: Texthilfe. Keine virtuelle Panik, bitte! Sonntag, 27. Juni 2010

S. 5: Ryszard Kapuscinski: Die Welt im Notizbuch. Aus dem Polnischen von Martin Pollack. Piper München Zürich, S.98

S. 38: „Süddeutsche Zeitung“ vom 12.07.2014, S.3

S. 98: Charles Bukowski: Der Mann mit der Ledertasche. Roman. Deutsch von Hans Hermann, 7. Auflage, Deutscher Taschenbuch Verlag, München 2000, S. 202

Reinhard Schultze

Schneefeuerball

436 Seiten
Hardcover

ISBN
978-3-86361-669-4

Auch als E-book

Als Leon, ein Münchner Single in den besten Jahren, bei einem Schneesturm in den Salzburger Alpen unerwartet auf Lukas trifft, müssen die Götter wohl ihre Hände im Spiel gehabt haben. Denn der Schneeball, der nun ins Rollen kommt, zeigt rasch, dass sein unschuldiges Weiß nur aus einer dünnen Schicht Pulverschnees besteht. Hat Lukas, dieser attraktive Mittzwanziger, etwa gelogen, als er angibt, auch Single zu sein? Ihre Bekanntschaft führt beide bald zu dem feurigen Kern ihrer Geschichte, dorthin wo wilde Elemente ihre ursprünglichen Farben zeigen. Lukas ist Kaminbauer von Beruf - wenn es jemanden gibt, der etwas von Feuer versteht, dann er! Aber auch Leon versteht sein Handwerk: Er, der um zwanzig Jahre Ältere, beginnt alle Register zu ziehen, als er seine Gefühle für den schönen jungen Mann aus den Bergen nicht länger bezwingen kann. Dank diesem Verführer, einem Geschichtenerzähler par excellence, scheinen Lukas plötzlich Flügel zu wachsen…

Währenddessen kümmert sich Brian, ein kanadischer Choreograph, in München um die Proben zu seinem Ballett – es handelt von niemand anderem als Prometheus, jenem griechischen Gott, der den Menschen das Feuer gebracht und ihnen damit ein verhängnisvolles Geschenk gemacht hat… Und schließlich ist da noch Ingrid: Eine lebhafte Schauspielerin, die mit aller Kraft ihre Liebe zu dem Maler Anselm zu bewahren sucht. Am Ende scheint der Ball, der unsere Protagonisten zusammenführt, aber seine ganz eigene Vorstellung davon zu haben, wohin die Reise geht…

Und natürlich ist es ein Roman über die Liebe.

www.himmelstuermer.de

Dieter Allers

Männer
Freunde
Liebespaare

Biographische Skizzen

136 Seiten
Hardcover

ISBN print
978-3-863611-608-3

Auch als E-book

Männerpaare gibt es seit den antiken Mythen, im Alten Testament, in Geschichte und Literatur, zuletzt in „Brokeback Mountain". Oft kennt man nur den Berühmteren – Michelangelo, Shakespeare, Montaigne – aber zu jedem gehört ein Partner.

Diese biographischen Skizzen stellen sie als Freunde oder Liebespaare in ihrer meist künstlerisch fruchtbaren Beziehung dar. Auch „tragische Paare" wie Oscar Wilde und Lord Douglas, Rimbaud und Verlaine werden skizziert. Wegen der christlichen Sexualtabus tauchen in der Literatur Männerpaare erst im 19. Jahrhundert auf. Walt Whitman, Thomas Mann u.a. haben diese Sehnsucht und Liebe beschrieben.

Klaus Hindmith

Mörderisches Glockenspiel

186 Seiten
Hardcover

ISBN
978-3-86361-662-5

Auch als E-book

Der schwule Pianist Manuel Marx, der seinen aufwändigen Lebensstil mit Einbrüchen finanziert, wird bei seinem nächtlichen Eindringen in ein Haus überrascht. Marvin Kronlandt, ein attraktiver Aufdeckungsjournalist, findet Gefallen an dem Einbrecher. Obwohl anfangs jeder in dem anderen den Pfähler vermutet, verlieben sie sich ineinander.

Kronlandt und Marx begeben sich schließlich auf die Jagd nach dem Pfähler, gemeinsam mit einem jungen Polizisten, der sich ebenfalls in Manuel Marx verliebt hat. Zu den Verdächtigen zählen ein Psychotherapeut, ein ultrakonservativer Priester und der Besitzer der Schwulenbar Dark Falcon, in der alle Opfer verkehrt haben.

Als einer der beiden Ermittler dem Pfähler in die Hände fällt, stellt sich die Frage, ob die Liebe des anderen so stark ist, sein Leben zu riskieren, um den Freund zu retten.

Udo Rauchfleisch

Tod der Medea
Ein musikalischer Mord

212 Seiten
Hardcover

ISBN Print
978-3-86361-599-4

Auch als E-book

Der schwule Kommissar Schneider hätte nicht gedacht, dass er nach einer eindrücklichen Aufführung der Oper „Medea" im Basler Opernhaus am nächsten Tag vor der Leiche der Sängerin der Titelpartie stehen würde. In der Theaterwelt mit ihren Affaren und Intrigen gibt es eine Fülle von Verdächtigen. Kopfzerbrechen bereitet ihm aber nicht nur die Ermittlungsarbeit, sondern auch sein Partner, der skeptisch ist gegenüber Schneiders Projekt, zusammen mit einem Lesbenpaar eine Regenbogenfamilie zu gründen. Der Fall der „Medea" spitzt sich zu, als ein zweiter Mord erfolgt. Und nun wendet sich auch noch das Lesbenpaar an Schneider und bittet ihn, über das schwule Netzwerk einer jungen Frau aus dem Irak, die wegen ihrer Homosexualität in ihrem Heimatland verfolgt wurde und in die Schweiz fliehen konnte, bei ihrem Asylgesuch zu helfen. In dieser turbulenten Situation ist es einem Zufall zu verdanken, dass der Kommissar das Rätsel der Morde zu lösen vermag.

www.himmelstuermer.de

Axel Limberg

Das rettende Ufer

Schwule Flüchtlinge berichten

140 Seiten

ISBN print
978-3-86361-596-3

Auch als E-book

Die Flüchtlinge sind das große Thema unserer Zeit. Ein paar Hundert von ihnen haben einen bestimmten Grund, warum sie zu uns geflohen sind: Sie sind wegen ihrer sexuellen Identität hier – als Schwule werden sie in ihrer Heimat verfolgt. Zuhause drohen ihnen Gefängnis, Folter oder der Tod.
Je nach Heimatland, Region oder Stammesgebiet sind Homosexuelle verschiedenen Gefahren ausgesetzt. Hinzu kommt die persönliche Situation: Wie öffentlich wurde ihr Schwulsein, müssen sie sich nicht nur vor dem Staat, sondern auch vor ihrer Familie fürchten?
Nicht nur Menschen aus dem Bürgerkriegsland kommen zu Wort – auch ein Zahnarzt aus dem Jemen, ein Bibliothekar aus dem Irak sowie Geflüchtete aus Afghanistan und Afrika werden porträtiert. Sie berichten von ihrer Leidenszeit zuhause, der Flucht, der Ankunft in Deutschland. Und von den Träumen, die in ihrer neuen Heimat Wirklichkeit werden sollen.

Landauf, landab kümmern sich ehrenamtliche Flüchtlingsbetreuer um Homosexuelle aus der Ferne. Auch diese Helfer berichten. Ebenso Organisationen wie Amnesty International oder Pro Asyl, die erklären, warum so viele schwule Flüchtlinge aus bestimmten Ländern fliehen und wie ihre Chancen stehen, hier bei uns Asyl zu erhalten.

www.himmelstuermer.de